Lars-Henrik Olsen · Auf den Spuren des Wolfes

Lars-Henrik Olsen

Auf den Spuren des Wolfes

Zeichnungen von Leif Ringtved

Benziger

Berechtigte Übersetzung aus dem Dänischen
von Dorothea Ribohn
Der Titel der Originalausgabe lautet:
«Ulvene», Gyldendal, Kopenhagen 1976

ISBN 3 345 32202 5

Inhalt

Die Jagd

Es ist kalt. Ein eisiger Wind streicht über die arktische Ebene. Er prickelt wie Nadeln auf der Haut. Wenn man mit dem Gesicht zum Wind steht, fühlt es sich an, als ob die Haut abgezogen würde. Man muß Brille und Maske tragen, um sich vor der Kälte zu schützen.

Es ist Mitte Februar, und das Land ist schneebedeckt. Flüsse und Seen sind zugefroren. Im arktischen Winter sind die Nächte lang und die Tage kurz.

Auf einer kleinen Anhöhe stehen sechs Wölfe. Sie stehen unbeweglich und spähen über die endlose Ebene, das große, flache Land, bewachsen mit Moos und Flechten, mit Gras und Heidekraut. Hier und da gibt es Zwergeichen und Zwergbirken, die flach auf dem Boden liegen und nicht höher als die anderen Pflanzen sind. Es scheint, als ob sie nicht zeigen wollten, daß sie Bäume sind, und trotzdem sind es Bäume, oft mehr als hundert Jahre alt.

Weit entfernt am Horizont wandert eine Rentierherde. Eine riesige Herde, die sich langsam nach Norden bewegt. Den ganzen Winter blieben die Rentiere in den großen Wäldern. Dort haben sie Schutz vor dem Wind, dort finden sie Futter. Jetzt wandert die Herde, die Zehntausende Tiere zählt, nach Norden zu den großen Sommerweiden, wo die weiblichen Tiere kalben werden. Die Rentierkühe führen die Herde an. Ihre dicken Bäuche hängen herunter. Sie werden bald kalben. Nach ihnen kommen die weiblichen Tiere, die nicht trächtig sind, und die Kälber vom letzten Jahr. Zuletzt folgen die männlichen Tiere. Langsam wandert die Herde die alten Pfade, denen die Rentiere schon Tausende von Jahren gefolgt sind. Gemächlich wandert die Herde in Richtung Norden, dem Sommer entgegen.
Die Wölfe wissen das. In dieser Zeit folgen sie der Herde. Wie graue Schatten sind sie im Frühjahr hinter den Rentieren zu den Wäldern gewandert. Nun folgen sie ihnen zu den Grasflächen, wo sie ihre Höhlen haben und ihre Jungen aufziehen werden.
Die Wölfe stehen auf der Anhöhe. Die Schwänze bewegen sich langsam hin und her. Es wird dunkel, und die Silhouetten der Wölfe heben sich von

dem klaren Himmel ab. Der größte Wolf schnuppert in die Luft. Vielleicht kann er die Rentiere wittern. Mit einem Mal hebt er den Kopf und beginnt zu heulen. Es fängt mit einem schwachen Brummen an, das allmählich ansteigt zu einem gewaltigen, langgezogenen Heulen. Während einiger Sekunden heult er laut und hingebungsvoll, dann wird das Heulen schwächer und hört schließlich ganz auf. Es wird wieder still. Nur das Pfeifen des Windes ist zu hören und in der Ferne das schwache Donnern der Rentierhufe.

Wieder beginnt der Wolf zu heulen, und nun fallen die anderen ein. Die Schnauzen zeigen zum Himmel, und einige der Wölfe haben die Augen geschlossen. Alle sechs Wölfe heulen jetzt zusammen. Es sieht so aus, als ob sie es genießen, dazustehen und zu fühlen, daß sie zum selben Rudel gehören. Mehrere Minuten bleiben sie so stehen, und dann verstummen sie. In der Ferne kann man ein anderes Wolfsrudel hören. Vielleicht stehen sie auf dieselbe Art da. Vielleicht stehen sie auch auf einer Anhöhe und beobachten die Rentierherde.

Der Schwanz des größten Rüden schlägt hastig. Die anderen Wölfe nähern sich ihm mit gesenkten Köpfen. Sie stoßen ihn mit ihren Schnauzen an und beginnen kräftig mit den Schwänzen zu schlagen. Der große Wolf steht ruhig, während die anderen immer aufgeregter werden. Die Ruten wedeln hin und her, und der jüngste Rüde beginnt zu jaulen. Ein anderer Wolf heult leise. Die Wölfe sind aufgeregt, denn etwas wird geschehen.

Der Große senkt den Kopf. Langsam setzt er sich in Bewegung. Ruhig beginnt er die Anhöhe hinunterzugehen, und die anderen Wölfe folgen ihm. Sie wissen, was bevorsteht. Sie wissen, was sie tun müssen. Die Jagd fängt an. Der große Wolf hat das Signal gegeben. Die Jagd auf die Rentiere soll beginnen, die Jagd auf Fleisch.

Lautlos bewegt sich das kleine Wolfsrudel über die Ebene. Vorne läuft der große Rüde, gefolgt von einer Wölfin, die beinahe so groß ist wie er. Dann kommen ein weiterer ausgewachsener Rüde und zum Schluß zwei junge Rüden und eine junge Wölfin. Die drei letzten sind Geschwister, es sind Junge vom letzten Jahr. Der Wolf an der Spitze des Rudels ist der Vater der drei, und er führt das Rudel an. Er ist der Leitwolf.

Die Wölfe laufen hintereinander in einer Reihe. Sie machen kein Geräusch auf dem frostharten Boden. Es ist weit bis zu der Rentierherde, aber das macht ihnen nichts aus, denn Wölfe sind ans Laufen gewöhnt. Sie können stundenlang laufen, ohne zu ermüden.

Lautlos nähern sich die Wölfe der großen Rentierherde. Die Rentiere bewegen sich langsam. Sie bemerken keine Gefahr. Noch keines der Rentiere hat die Wölfe gesehen, und doch wissen sie, daß die Wölfe da sind, sie haben sie heulen gehört. Aber die Rentiere sind nicht unruhig, denn die Wölfe sind immer in ihrer Nähe. Die Rentiere fühlen sich sicher, weil sie wissen, daß sie mit Leichtigkeit auch dem schnellsten Wolf davonlaufen können.

Die Wölfe nähern sich vorsichtig. Sie haben keine Eile. Sie warten, bis die Rentiere an ihnen vorbei sind, dann folgen sie ihnen. Sie folgen den Rentieren so nahe wie möglich, ohne sie zu erschrecken. Geduldig warten die Wölfe auf ihre Chance.

Einer der jungen Rüden ist sehr unruhig. Er ist hungrig. Er läuft jetzt neben dem großen Wolf. Aufgeregt beobachtet er die Rentiere, die vor ihnen gehen. Es sind beinahe dreihundert Meter bis zum nächsten. Plötzlich ist er nicht mehr zu halten. Ein großer Bock hat sich von der Rentierherde abgesondert, und wie ein Pfeil schießt der junge Wolf auf ihn zu. Der Bock wendet sich um und sieht den jungen Wolf. Er bleibt stehen und wartet. Seine Nüstern weiten sich, und er zieht kräftig die Luft ein, um zu wittern. Plötzlich nimmt er den Geruch des Wolfes wahr. Er wirft den Kopf zurück und galoppiert hinaus auf die Ebene.

Der Wolf jagt hinterher. Doch das Rentier läuft leicht auf seinen langen Beinen, schneller als der Wolf.

Der Wolf bietet all seine Kräfte auf, doch er kann nicht mithalten, und rasch wird der Abstand zwischen ihnen größer und größer. Schließlich

ist er so groß wie zum Zeitpunkt, als der Wolf die Jagd begann.
Der Wolf wird müde, er fällt immer weiter zurück. Er gibt auf und sinkt ermattet auf den Boden. Das Ren dreht sich nach ihm um. Der Wolf liegt immer noch da, hechelnd. Ruhig und mit erhobenem Kopf kehrt das Rentier zur Herde zurück.
Mit hängenden Ohren erhebt sich der Wolf. Er schüttelt sich und trottet zurück zum Wolfsrudel. Er geht nun als letzter im Rudel, als ob er sich schämte für das, was er getan hat. Die anderen Wölfe kümmern sich nicht um ihn, sie sind damit beschäftigt, den Rentieren nachzuschauen.
Die Rentiere setzen ihre langsame Wanderung nach Norden fort, und die Wölfe folgen geduldig. So wandern die Tiere stundenlang, während die Sonne sich langsam dem Horizont nähert und der Himmel sich feuerrot färbt in den letzten Strahlen der Sonne. Der rote Himmel spiegelt sich in Eis und Schnee des Bodens, und es ist, als ob die Tiere durch ein brennendes Meer zögen.

In einer großen Rentierherde wie dieser gibt es immer schwache Tiere. Einige haben sich an den scharfen Felskanten verletzt oder ihre Beine am Eis geschnitten, und viele leiden an Tuberkulose oder anderen Krankheiten. Das wissen die Wölfe, auf diese Tiere warten sie. Die kranken Tiere haben es schwer, mit der übrigen Herde Schritt zu halten, und bleiben zurück. Sie versuchen verzweifelt, mitzukommen, aber es glückt nicht immer. Die Wölfe warten. Sie warten, bis eines der Rens so weit zurückgefallen ist, daß sie es einholen und rasch töten können.
Nach einer Weile sehen die Wölfe, daß eines der Rentiere nur schwer folgen kann. Es ist ein junger Bock, der auf einem Bein lahmt. Das Tier ist unruhig und schaut oft zurück. Zu diesem Zeitpunkt ist es so weit von der Herde entfernt, daß es sie unmöglich wieder einholen kann. Die Wölfe warten immer noch geduldig.
Das Rentier steigt einen kleinen Hügel hinauf. Sobald es auf der anderen Seite ist, von wo es die Wölfe nicht mehr sehen kann, kommt Bewegung in das Wolfsrudel. Der große Wolf rennt los, und die anderen folgen ihm. Nun wird es geschehen. Als die Wölfe den höchsten Punkt erreichen, sehen sie das Ren. Sie sind nun ganz nahe, aber das

Tier hat die Wölfe noch nicht entdeckt. Mit großen Sprüngen setzen die Wölfe ihm nach. Der Große läuft vorn. Sie stürzen den Hügel hinunter, dem Rentier nach. Das Ren sieht sie zu spät, es ist verloren. Verzweifelt springt es vorwärts, aber mit dem verletzten Bein kann es nicht schnell laufen. Es kann die Rentierherde nicht mehr einholen. Die Wölfe jagen hinter dem Tier her, und es dauert nicht lange, bis das Ren eingeholt ist. Der große Rüde stürzt vor und schlägt seine Zähne in ein Hinterbein des Rens. Genauso rasch ist der andere ausgewachsene Rüde an der Kehle des Tieres. Das Ren erfaßt nicht mehr, was geschieht, es stürzt, und die Wölfe töten es sofort.

Atemlos stehen die Wölfe um das tote Tier. Das eine Bein ist gebrochen; das Ren hätte es nie geschafft. Es hätte nie die Sommerweiden erreicht. Die Wölfe lassen sich Zeit. Gemächlich fressen sie ihre Beute. Magen und Eingeweide fressen sie zuerst, denn die sind am nahrhaftesten. Besonders die Därme mit den halbverdauten Pflanzenresten sind bei den Wölfen sehr beliebt, und es reicht für alle.

Die Jungen fressen zuerst. Sie reißen große Fleischstücke ab und schleppen sie dahin, wo sie

sie in Ruhe verschlingen können. Die älteren Tiere fressen später, es gibt nie einen Kampf ums Fressen.
Zuletzt sind nur noch Knochenreste und ein paar Fleischbrocken übrig. Die werden von den Raben und Füchsen am nächsten Tag aufgefressen. Die Wölfe liegen zufrieden da und lecken sich. Heute hatten sie Glück, und es war eine leichte Jagd, aber manchmal müssen die Wölfe mehrere Tage warten, ehe sie Beute finden, und manchmal sind sie so ausgehungert, daß sie kaum noch laufen können.
Zufrieden rollen sich die Wölfe zusammen. Sie legen sich dicht nebeneinander, um sich warm zu halten. Die Schnauze begraben sie unter dem Schwanz, und bald sieht man nur noch sechs graubraune Fellhaufen. Die größten Raubtiere der Tundra schlafen.

Der Jäger

In einiger Entfernung steht eine Jagdhütte. Sie liegt gut geschützt vor dem Wind zwischen zwei Felsen. Durch die kleinen Fenster fällt Licht, und der Rauch steigt vom Schornstein auf wie eine weiße Säule. Dort wohnt ein Jäger, er hat den ganzen Winter dort gewohnt, nur in Gesellschaft seiner Schlittenhunde. Die Hunde liegen draußen, jeder an einen Pfahl gebunden, zusammengerollt wie die Wölfe mit der Schnauze unter dem Schwanz, um sich vor der Kälte zu schützen.

Die Tür der Hütte öffnet sich, und im Licht, das herausströmt, kann man den Mann sehen. Er ist groß und breit, er ist in Felle gekleidet und hat eine Pelzmütze auf dem Kopf. Er pfeift, und die Hunde springen sofort auf. Eifrig ziehen sie an ihren Riemen und wedeln mit den Schwänzen. Der Jäger geht zu einem Holzgestell, nimmt einen Sack herunter und schmeißt den Hunden etwas getrocknetes Fleisch hin. Das ist ihre

Abendmahlzeit, und sie machen sich gierig darüber her. Dann geht der Mann wieder hinein und schlägt die Tür laut hinter sich zu.

Der Boden der Hütte ist mit dicken Fellen bedeckt. Die meisten sind Fuchs- und Hasenfelle, aber es liegen auch einzelne Rentierfelle dort und ein Wolfsfell. Es sind Felle von Tieren, die er während des Winters geschossen hat. Wenn der Frühling kommt, wird er in den nächsten großen Ort gehen und die Felle verkaufen. Jetzt wartet er auf die Rentiere, und er weiß, sie werden bald kommen. Er hat schon einzelne Tiere herumstreifen sehen.

Den ganzen Winter ist der Jäger sehr beschäftigt gewesen. Er hat Füchse gejagt, und er hat Steinhaufen gebaut. Unzählige Steine hat er herangeschleppt und aufeinandergeschichtet zu mannshohen Türmen. Die Steinhaufen stehen in zwei langen Reihen nebeneinander wie ein großer Trichter. An dem einen Ende ist eine weite Öffnung zwischen den Reihen, mehr als hundert Meter breit. Danach wird der Abstand zwischen den Reihen kleiner und kleiner. Am Ende des Trichters ist nur ein schmaler Durchgang, und an dieser schmalen Stelle hat der Jäger sich ein Versteck aus Steinen gebaut. Wenn er darin sitzt,

kann er nicht gesehen werden von dort, wo die große Öffnung ist. Von dieser Seite werden die Rentiere kommen.
Nichtsahnend werden sie in den Trichter wandern und auf sein Versteck zu, und dort wird er mit einem Gewehr bereitsitzen.
Es ist dieselbe Methode, Rentiere zu jagen, wie es die Eskimos vor vielen Jahren machten. Damals wurden die Rentiere mit Pfeil und Bogen erlegt, und damals wurden nicht so viele getötet wie heute, da der Jäger ein Gewehr zur Verfügung hat. Die Eskimos ernährten sich ein halbes Jahr von den Tieren, die sie im Verlaufe einiger Tage erlegten, wenn die Rens an ihrer Siedlung vorbeikamen. Alles von den Rentieren wurde verwendet, das Fleisch wurde gegessen, die Felle zu Kleidern und Zelten verarbeitet und die Knochen zu Gebrauchsgegenständen. Nun hat der Jäger nur Verwendung für die Felle und etwas von dem Fleisch für sich und die Hunde. Den Rest des Fleisches läßt er liegen.
Der Jäger hat diese Methode von seinem Vater gelernt, der sie von den Eskimos hat, und es ist nicht das erste Mal, daß der Jäger Rentiere auf diese Art jagt. Aber letztes Jahr hatte er keinen Erfolg, weil die Rentiere einen anderen Weg

nach Norden wählten und nicht an seiner Jagdhütte vorbeikamen. Dieses Jahr hofft er, daß er Glück hat.

Schon am nächsten Tag werden die Hunde unruhig. Sie können die Rentiere riechen. Der Jäger merkt seinen Hunden an, daß sich die Rens nähern. Sie stehen auf und wedeln heftig mit dem Schwanz. Einige ziehen an ihren Riemen, andere jaulen.

Der Jäger löst die Leine eines Hundes und steigt mit ihm auf den nächsten Felsen. Von dort kann er weit über die Ebene sehen. Er nimmt sein Fernrohr und blickt lange Zeit auf den Horizont. Weit, weit weg kann er sie sehen. Es sieht wie eine graue Decke aus, die sich langsam über die Ebene ausrollt. Es ist eine große Herde, denkt er, und sie gehen den richtigen Weg. Sie werden meine Steinhaufen um die Mittagszeit erreichen.

Kurz darauf geht er zur Hütte zurück und gibt den Hunden etwas Trockenfleisch, um sie zu beruhigen. Heute abend bekommen sie frisches Fleisch, denkt er, sie müssen stark und gut genährt sein, um seine Felle den langen Weg zur Niederlassung zu bringen.

Er geht in die Hütte und nimmt seine Gewehre

von der Wand. Sie sind schon vorbereitet. Dann füllt er eine Tasche mit Patronen. Er nimmt einige dicke Felle und macht sich auf den Weg zu seinem Versteck. Er muß früh genug dasein, bevor die Rentiere kommen, damit sie nicht gestört werden und außerhalb seiner Steinhaufen vorbeiwandern. Ruhig breitet er seine Felle aus und legt sich in die richtige Stellung.

Er hat viel Zeit, es wird noch einige Stunden dauern, bis die Rentiere kommen. Er darf nicht schwitzen, denn dann könnten ihn die Rentiere vielleicht wittern, und wenn er naß von Schweiß

ist, wird er leichter frieren. Zum Glück ist die Windrichtung, wie sie sein soll, der Wind bläst von den Rentieren weg auf ihn zu.
Geduldig wartet er.
Nach ein paar Stunden kann er sie hören. Es hört sich an wie ein Dröhnen, ein schwaches Donnern in der Ferne. Der Jäger ist gespannt, was geschehen wird. Wird er Erfolg haben? Wird er viele Felle bekommen?
Der Lärm von Tausenden Hufen wird allmählich größer. Er schwillt zu einem gewaltigen Donnern an, und die Erde beginnt zu beben. Nun kommen sie, denkt er und späht zwischen den Steinen hindurch, und schon kann er die ersten Tiere der Herde sehen.
Voran geht eine alte Rentierkuh, die Anführerin dieser Riesenherde. Sie geht ruhig mit halbgesenktem Kopf, und sie bestimmt, welchen Weg die Rentiere einschlagen. Letztes Jahr war sie nur eine von vielen Kühen, da hat eine andere Rentierkuh die Herde angeführt. Aber diese alte Rentierkuh ist tot, und nun ist sie das älteste und stärkste der weiblichen Tiere, und nun ist sie es, die die Herde nach Norden führt zu den Sommerweiden.
Der Jäger sieht, daß sie zwischen den ersten Rei-

hen der Steinhaufen stehengeblieben ist. Ihr Kopf ist hoch erhoben, und sie zieht kräftig die Luft ein. Hinter ihr haben die anderen Rens angehalten. Sie stehen alle und wittern und warten auf ein Zeichen von ihr. Der Jäger liegt ganz still in seinem Versteck. Jetzt kommt es darauf an. Werden die Rentiere umkehren und außerhalb seiner Steinhaufen weiterwandern, oder werden sie in den Trichter hereinkommen, wo er wartet?

Die große Kuh steht noch eine Zeitlang still, aber dann beginnt sie langsam auf ihn zuzugehen, und nach ihr kommt die ganze Herde. Vorsichtig gehen die Rentiere weiter und hinein in den Trichter aus zwei langen Reihen von Steinhaufen. Sie wissen, daß etwas nicht stimmt, aber sie können nicht herausfinden, was es ist.

Der Jäger lächelt. Es glückt, denkt er. Die Rentiere gehen in die Falle; langsam füllt sich der Trichter mit Tieren, die auf sein Versteck zugehen.

Das erste Rentier ist nun nicht mehr weit von ihm entfernt. Er würde es treffen, wenn er abdrückte, aber er wartet, denn wenn er jetzt schösse, könnten sie vielleicht noch umkehren. Nein, er muß noch etwas warten. Die ersten

Rentiere sollen vorbei sein, wenn er zu schießen beginnt.
Die Leitkuh ist nun auf gleicher Höhe mit ihm. Sie schaut unruhig und unsicher umher, und plötzlich sieht sie den Jäger. Wie versteinert bleibt sie stehen und schaut ihn an, aber es ist zu spät. In dem Trichter drängen sich die Leiber der nachfolgenden Tiere, und sie kann nicht zurück. Sie schaut sich um und sieht hinter sich die Mauer von Rentieren. Es ist unmöglich, umzukehren. Die Rentiere sind in die Falle gegangen, sie schieben von hinten, sie wollen weiter. Es gibt keinen anderen Ausweg, als vorwärts zu gehen.
Mit einem Satz springt sie nach vorn und stürzt durch die schmale Öffnung des Trichters, die anderen Rens folgen ihr. Das Hämmern der Hufe gegen den frostharten Boden dröhnt wie Donnern, und die graue Masse der Tiere drängt sich an dem Mann vorbei. Es sind Tiere, die Gefahr wittern, aber nicht umkehren können, weil die andern von hinten nachstoßen.
Plötzlich ertönt ein Knall. Der Jäger hat einen Schuß abgefeuert, und das erste Tier sinkt um, in die Brust getroffen. Der Jäger schießt wieder, und noch ein Tier fällt. In der Herde entsteht

Verwirrung, die Tiere drängen sich in wildem Durcheinander. Sie versuchen verzweifelt zu fliehen, die Körper bohren sich ineinander, aber sie können nicht zurück. Sie versuchen sich zwischen den Steinhaufen durchzuzwängen, aber der Abstand zwischen den einzelnen Haufen ist zu klein. Es gibt nur einen Ausweg, und der führt durch die schmale Öffnung, wo der Jäger liegt.

In Panik werfen sie sich durch die Öffnung, und daneben liegt der Jäger in seinem Versteck und schießt. Ein Schuß knallt nach dem andern. Er hat keine Zeit, richtig zu zielen. Es gilt nur, so viele Tiere wie möglich zu erlegen, und er schießt aufs Geratewohl in die graue Masse der Körper, die sich an ihm vorbeiwälzt. Er hat keine Zeit, ein bestimmtes Tier aus der Herde auszuwählen, und viele der Tiere werden nur verwundet. Da, wo die Rentiere laufen, zeichnet sich eine breite Blutspur im Schnee ab.

Die toten Rens liegen bald wie ein Wall um ihn herum, und er muß sich erheben und im Stehen schießen. Es kommen immer noch Tiere, Kühe, Böcke und Kälber in großem Durcheinander. Sie drängen sich an ihm vorbei und über die toten Körper, und das Brüllen der Rentiere kann man

meilenweit hören, gemischt mit dem lauten Knall vom Gewehr des Jägers.
Die Hälfte der Herde ist nun an ihm vorbei, und die Rentiere, die durch die schmale Öffnung geschlüpft sind, galoppieren über die Ebene. Der Rest der Herde drängt immer noch weiter, aber nun ist das Schieben der vordersten Rentiere, die versuchen umzukehren, so stark geworden, daß der ganze Strom sich wendet. Wie eine Riesenwelle geht es durch die Herde, und in Panik werfen sich die Rentiere zurück, heraus aus dem Trichter.
Schnell leert sich der Trichter. Nur einige Kälber bleiben zurück. Sie laufen verwirrt zwischen den toten und sterbenden Tieren umher und rufen nach ihrer Mutter.
Das Blutbad ist vorbei. Es hat plötzlich aufgehört, wie es begann. Der Jäger trocknet den Schweiß von der Stirn. Es war ein guter Fang, mehr als fünfzig Rentiere hat er erlegt.

Schon eine Stunde später ist der Jäger dabei, die Tiere abzuhäuten. Es ist am leichtesten, die Felle abzuziehen, solange die Tiere noch warm sind, aber trotzdem ist es eine schwere Arbeit, all diesen Tieren die Haut abzuziehen.

Der Jäger arbeitet bis spät in den Abend. Er hat eine Petroleumlampe mit herausgebracht, um besser sehen zu können, und bald liegt ein großer Haufen Felle an seiner Seite. Es sind dicke, kräftige Winterfelle, und die Haare fallen nicht aus, wenn sie gegerbt werden.

Während er in der Dämmerung arbeitet, hört er plötzlich einen Ton, und es läuft ihm kalt über den Rücken. Ein hohes, langgezogenes Heulen hallt über die Ebene. Es ist ein Heulen, das er sehr gut kennt und mehr fürchtet als alles andere: das Heulen eines Wolfes. Er richtet sich auf und sieht hinaus in die Dunkelheit. Irgendwo dort draußen sind die Tiere, die er so sehr haßt. Er steht still und lauscht. Das Heulen ertönt wieder und wieder, die Wölfe sind nicht sehr weit entfernt.

Unschlüssig steht er mit dem blutigen Messer in der Hand, dann läßt er es fallen und läuft zurück zur Jagdhütte. Die Hunde sind aufgeregt, sie haben das Heulen gehört; aber es würde nichts nützen, sie loszulassen, im Kampf gegen Wölfe sind Hunde weit unterlegen. Auch wenn einige von ihnen Wolfsblut in den Adern haben, weiß er, daß sie einen Kampf mit den Wölfen nicht bestehen würden.

Er geht in die Hütte und nimmt seine Wolfsfallen hervor. Die Wölfe sind vom Geruch des Blutes der toten Rentiere angezogen worden, denkt er; in den Wolfsfallen kann er vielleicht einige von ihnen fangen. Er nimmt vier Fallen und geht zurück zu den Tierkadavern. Vielleicht hat er Glück und kommt noch zu ein paar Fellen, bevor er zur Niederlassung zurückkehrt, um zu handeln.

Vorsichtig legt er die Fallen aus, in der Nähe der toten Rentierkörper. Er deckt sie mit losem Schnee zu, damit die Wölfe sie nicht bemerken. Dann nimmt er die Petroleumlampe und geht zurück zur Hütte, um sich schlafen zu legen.

Tod eines Wolfes

Die Wölfe haben früh am Abend die Stelle erreicht, wo die ersten Steinhaufen stehen. Das letzte Stück gehen sie vorsichtig, denn sie haben schon von weitem den Menschen gerochen. Aber gleichzeitig riechen sie das frische Blut, und dieser Geruch hat sie hierhergetrieben.
Der große Wolf ist stehengeblieben und sieht hinunter auf den Schlachtplatz. Die anderen Wölfe stehen um ihn herum und schauen in dieselbe Richtung. Da unten sehen sie einen Mann, der damit beschäftigt ist, Tiere abzuziehen. Es ist der Jäger. Ruhig legen die Wölfe sich hin und beobachten ihn.
Die Wölfe sind hungrig. In den letzten zwei Tagen haben sie selbst kein Tier gefangen, sie haben nur ein Aas gefunden, das andere Wölfe übriggelassen hatten, aber es war nur noch Haut und Knochen, denn die Füchse und Raben waren vor ihnen dagewesen.
Einer der jungen Wölfe hatte das Glück, ein

Schneehuhn zu fangen. Das war alles, was sie in den letzten zwei Tagen zu fressen hatten. Nun liegen sie da und sehen einen großen Haufen Fleisch. Genug für das Wolfsrudel, um ein ganzes Jahr davon zu leben. Aber sie wagen sich nicht dorthin, weil sie Angst vor dem Mann haben, Angst vor dem Menschen.

Für einen der jungen Wölfe dauert es bald zu lange. Er steht auf und geht auf das Fleisch zu, aber ein schwaches, beinahe lautloses Knurren des großen Wolfes läßt ihn einhalten. Der junge Wolf kehrt sofort um, den Schwanz zwischen die Beine geklemmt und die Ohren flach nach hinten gelegt. Eifrig leckt er dem großen Wolf über die Schnauze, als ob er um Verzeihung bitten wollte, und der große Rüde hört zu knurren auf.

Auch die große Wölfin hat sich erhoben. Sie ist sehr hungrig, denn sie hat nicht nur für sich selbst zu sorgen. Ihr Bauch ist in der letzten Zeit dick geworden, sie wird bald ihre Jungen werfen. Das bedeutet, daß sie viel fressen muß, damit die Jungen wachsen können.

Der große Wolf erhebt sich. Er wedelt weit ausholend mit dem Schwanz, während er warnend knurrt, er will nicht, daß jemand dorthin geht,

bevor er das Zeichen gibt. Die Wölfin bleibt stehen. Lange Zeit verharren sie so und sehen hinunter auf die Rentiere. Langsam senkt sich die Dunkelheit herab, und bald werden die Wölfe ihre Jagd beginnen.

Der alte Rüde hebt den Kopf und stößt ein hohes, langgezogenes Heulen aus. Die anderen

Wölfe stimmen ein, und das ganze Rudel heult nun im Chor. Das Heulen hallt über die weiße Ebene, so wie meistens um diese Zeit. Es ist das Signal, daß die Jagd beginnt.

Die Wölfe setzen sich in Bewegung auf die toten Rentiere zu. Der Jäger ist fortgegangen, aber er hat seine Lampe stehengelassen. Die Wölfe können deutlich die toten Körper sehen, einige von ihnen dampfen noch vor Wärme, und es riecht nach frischem Blut. Vorsichtig schleichen die Wölfe in einem großen Kreis um die Rens. Sie wagen sich nicht näher heran, denn der Geruch des Menschen hängt noch in der Luft.

Der Kreis um die Tiere wird allmählich kleiner. Der Leitwolf nimmt seinen Mut zusammen und nähert sich vorsichtig dem nächsten Rentier. Leise folgt das übrige Rudel, und bald sind sie alle um das Rentier versammelt. Sie schnuppern an dem Tier. Es riecht immer noch nach Mensch. Es ist eines der Rens, die schon abgehäutet sind. Einer der Wölfe setzt vorsichtig die Zähne ans Fleisch. Es passiert nichts, und bald liegt das ganze Rudel und frißt.

Die Wölfe fühlen sich nicht ganz sicher. Ab und zu steht einer auf und lauscht. Vielleicht kommt der Mensch zurück. Das ist der Vorteil in einem

Rudel, daß man abwechselnd Wache halten und einander vor Gefahr warnen kann.

Die junge Wölfin hört plötzlich auf zu fressen und erhebt sich. Sie steht lange und schnuppert in die Luft, und die andern beobachten sie scharf. Sie merken, daß die Wölfin unruhig ist, und sofort erheben sich auch die andern Wölfe. Die junge Wölfin schaut abwechselnd ins Dunkel und auf das tote Rentier, und auf einmal beginnt sie zu laufen. Sie läuft lautlos zurück zu der Stelle, wo sie gelegen und den Jäger beobachtet haben. Die anderen Wölfe folgen ihr sofort.

Der Jäger kommt zurück. Im Schein der Lampe können sie sehen, daß er etwas in der Hand hält. Er legt es an verschiedenen Stellen in den Schnee, nimmt die Lampe und verschwindet hastig wieder dorthin, woher er kam.

Lange Zeit bleiben die Wölfe liegen. Sie warten, denn sie wollen ganz sicher sein, daß die Gefahr vorbei ist, ehe sie sich zurückwagen. Dann erheben sie sich vorsichtig und kehren zurück zu dem Rentier.

Dort ist nichts Beängstigendes. Der Mensch ist nicht mehr da. Sie fangen wieder an zu fressen, aber sie sind noch immer unsicher und lauschen in die Dunkelheit. Es ist ganz still, nur in der

Ferne bricht Wolfsgeheul die Stille.
Sie fressen ruhig weiter, soviel wie ihre Mägen fassen können – und das ist viel. Das Fleisch wird nicht sofort verdaut, aber Wölfe können genau wie andere Raubtiere ihre Mägen bis zum Platzen füllen. Davon können sie dann lange Zeit zehren. Vielleicht bekommen sie in den nächsten Tagen nichts zu fressen, und dann ist es gut, darauf vorbereitet zu sein.
Der junge Wolf, der vor einigen Tagen ein Rentier allein gejagt hatte, steht auf, er will sich ein wenig umsehen. Die andern Wölfe kümmern sich nicht darum, denn sie sind es gewöhnt, daß er allein umherstreift. Er war es auch, der das Schneehuhn gefangen hatte.
Er schleicht vorsichtig zwischen den toten Tieren umher. Er ist nicht mehr hungrig, nur neugierig.
Plötzlich nimmt er einen scharfen Menschengeruch wahr. Der Geruch kommt von irgend etwas, das unter dem Schnee liegt. Er schnuppert interessiert daran, aber er kann nichts sehen. Vorsichtig kratzt er mit der Pfote im Schnee, um es freizuscharren. Es gibt einen lauten Krach, und die Falle schließt sich um seine Pfote. Blitzschnell versucht er seine Pfote zurückzuziehen,

aber es ist zu spät, die Pfote sitzt fest. Die Falle hat sich in einem Eisengriff um seine Pfote geschlossen. Verzweifelt versucht er sein Bein freizuschütteln, aber je mehr er sich anstrengt, desto fester schließen sich die Scheren der Falle um sein Bein. Er sitzt fest.
Die anderen Wölfe sind durch den Lärm herbeigerufen worden. Sie sehen den jungen Wolf an der Falle zerren, und begreifen, daß er gefangen ist. Der junge Wolf beginnt zu jaulen, er hat Angst. Das Eisen hat sich in sein Bein gebohrt, und er blutet. Er zieht und zerrt, aber das Bein sitzt fest, und je mehr er daran zerrt, desto mehr schmerzt es. Er heult laut vor Angst und Schmerz, aber es hilft nichts.
Der Rest des Rudels bleibt eine Zeitlang bei ihm stehen. Sie können nicht helfen. Dann wenden sie sich um und laufen davon, hinein in die Dunkelheit.

Am nächsten Morgen kontrolliert der Jäger seine Fallen. Er hat einen seiner Schlittenhunde mitgenommen. Schon bevor er die Rentiere erreicht, sieht er, was geschehen ist. Eines der toten Tiere ist halb aufgefressen, und es sind deutliche Wolfsspuren im Schnee. Er schaut sich um. Neben einem der Rentierkadaver liegt etwas, das nicht wie ein Ren aussieht, das Fell dieses Tieres hat ein anderes Braun als das der Rentiere. Es ist ein Wolf, und mit einer Pfote sitzt er in der Falle fest. Die Pfote ist eine blutige Masse, und die Knochen sind freigelegt.

Die ganze Nacht hat der Wolf versucht sich zu befreien, nun liegt er ermattet da und sieht den Menschen kommen. Er möchte fortlaufen, aber er kann nicht. Still liegt er da und schaut den Jäger an.

Der Schlittenhund gebärdet sich wie wild, und der Jäger bindet ihn an einen großen Stein. Dann geht er zu dem Wolf, nimmt sein Gewehr und zielt ruhig. Eine Sekunde treffen sich ihre Blicke, dann hört man einen Knall. Der Wolf ist sofort tot.

Das Wolfsrudel zählt einen Wolf weniger. Nun sind es nur noch fünf Wölfe.

Frühling

Eine Weile bleibt der Rest des Wolfsrudels in der Nähe der Jagdhütte. Der Jäger versucht mehrmals, einen zu erlegen, aber die Wölfe sind nun vorsichtig geworden, er trifft nicht; und ein paar Tage später folgen die Wölfe den Rentieren. Es ist nicht schwer für die Wölfe, die Rentiere wiederzufinden, denn es sind deutliche Spuren im Schnee. Manchmal stoßen sie auf ein Rentier, das von einer Kugel des Jägers verwundet wurde und das später durch den großen Blutverlust verendet ist. Es gibt genug für die Wölfe zu fressen, und sie leben lange Zeit von den Aasresten.

So folgen die Wölfe den Rentieren noch einen Monat. Tag für Tag kommen sie dem Platz näher, an dem sie den Sommer verbringen werden. Den größten Teil des Tages schlafen sie, und nachts jagen sie. Geduldig warten sie auf ihre Beute, und meistens haben sie Erfolg mit ihrer

Jagd. Jeden Abend hallt ihr Heulen über die Ebene.

Die Tage werden länger. Die Sonne bekommt mehr und mehr Kraft, die Eisdecke auf den Flüssen bricht auf, und der Schnee beginnt zu schmelzen. Grüne Triebe sprießen überall aus dem Boden, und Insekten schwirren durch die Luft. Es wird Frühling.

Der arktische Frühling kommt schnell. Von hartgefrorenen Eisflächen verwandeln sich die Flüsse in reißende Ströme. Für die Rentiere ist es schwer, sie zu durchqueren, und einige von ihnen, besonders die jungen und ganz alten, werden von der Strömung mitgerissen und kommen in den schäumenden Wassermengen um.

Die Erde ist aufgeweicht, weil sie das Schmelzwasser nicht aufnehmen kann. Der Boden taut nicht sehr tief auf, deshalb kann das Wasser nicht versickern. So bleibt es den ganzen Sommer. Der feste Pfad, dem die Rentiere im Winter gefolgt sind, verwandelt sich im Frühling in einen Schlammpfad.

Das Schneewasser sammelt sich in großen Seen, und kleine Bäche werden im Frühjahr reißende Ströme. Das Land, das vorher mit Eis und Schnee bedeckt war, verwandelt sich in eine

Landschaft von Seen und Flüssen und heidebewachsenen Hügeln.
Die Zugvögel kommen zurück. Große Schwärme Schneegänse fliegen oben am Himmel in Keilformation. Die Sperlinge sind schon fleißig dabei, Nester zwischen Steinen und Felsen zu bauen, und man hört ihr Gezwitscher überall. Die Schneehühner, die den Winter hier verbracht haben, verlieren allmählich ihr weißes Wintergefieder. Sobald Eis und Schnee schmelzen, werden ihre Federn braun.
Die Blumen sprießen überall aus der Erde. Der Frühling währt nur kurze Zeit, und die Blütezeit kommt schnell, damit die Pflanzen Zeit haben, vor dem Winter ihre Samen zu setzen. Zwischen den Felsen leuchten die weißen Blüten der Schneeranunkel aus dem grünen Moosteppich. Auf den trockenen Abhängen wächst überall der gelbe Feldmohn und das rote haarige Zauberkraut. Später blühen das Wollgras und die blaugraue Weide, zusammen mit den Gräsern.
In dieser Frühlingslandschaft gebären die Renkühe ihre Kälber. Die große Rentierherde wird allmählich kleiner. Kleine Gruppen verlassen die Herde und verteilen sich über die weite Ebene. Einsam gebären die Kühe ihre Kälber, und schon

eine Stunde nach der Geburt kann das Kalb seiner Mutter folgen.

Eines Tages erreichen die Wölfe ihre alte Höhle. Sie haben sie schon viele Jahre benutzt. Sie liegt am Fuß einer steilen Böschung, davor breitet sich ein Stück flaches Land, mit Gras und Heidekraut bewachsen. Am Rande dieser kleinen Ebene fließt ein Bach. In dieser Jahreszeit braust er gewaltig dahin, aber später im Sommer wird er

ruhiger, ein kleiner und stiller Fluß, der sich durch die Landschaft windet.

Als die Wölfe bei ihrer Höhle anlangen, erleben sie eine Überraschung. Eine Fuchsfamilie ist eingezogen, aber die Füchse verlassen eilig die Höhle, und es kommt zu keinem Kampf. Die Füchse ziehen in eine andere Wolfshöhle, die ein Stück weiter am Abhang liegt.

In den nächsten drei Wochen sind die Wölfe sehr beschäftigt. Die Höhle wird in Ordnung gebracht, denn die Füchse haben sie den ganzen Winter über bewohnt. Sie muß tiefer gegraben und vergrößert werden. Der Sand, den die Wölfe hinausscharren, liegt wie eine weiße Decke vor dem Eingang der Höhle.

Die Hauptöffnung der Höhle hat einen halben Meter Durchmesser und führt in einen vier Meter langen Gang, der in der eigentlichen Höhle endet. Darin hat die Wölfin Platz für sich und die Jungen, die sie bald werfen wird. Mehrere Gänge führen von der Höhle ins Freie.

Es sind die Wölfinnen, die die Höhle in Ordnung bringen, die Rüden streifen in der Umgebung der Höhle umher und markieren das Territorium des Rudels.

Wenn die Wölfe ihr Gebiet abgegrenzt haben, werden keine Eindringlinge mehr innerhalb dieser Grenzen geduldet. Wölfe haben Duftdrüsen, und diese Drüsen sondern eine strengriechende Flüssigkeit ab, mit der sie ihr Territorium kennzeichnen, und es ist meistens der Leitwolf, der die Duftmarken setzt.

Einmal in der Woche laufen die Wölfe die Grenze ihres Territoriums ab und heben das Bein an bestimmten Plätzen. Meistens an kleinen Erhebungen oder Steinen. Ab und zu scharren sie den Boden auf, um Duftmarken aus den Drüsen der Pfoten abzusetzen. Ihr Gebiet ist groß, fast zwanzig Kilometer lang und fünfzehn Kilometer breit, deshalb dauert es lange, bis die ganze Strecke zurückgelegt ist.

Die Wölfe fühlen sich erst richtig zu Hause, wenn sie ihr Gebiet kenntlich gemacht haben. Fremde Wölfe können ihnen so ausweichen, und wenn sie doch einmal die Grenze überschreiten, kommt es zum Kampf.

Eines Tages nehmen die Wölfe bei ihrem Rundgang einen fremden Geruch wahr. Ein anderer Wolf hat seine Duftmarken abgesetzt. Die Tiere sind aufgeregt und schnuppern an der Stelle, dann beeilen sie sich, dort auch ihr Bein zu heben. Es scheint, als wollen sie den Geruch des fremden Wolfes mit ihrem eigenen auslöschen.

Später am Tag stoßen sie auf den Eindringling. Es ist ein alter Wolfsrüde, sein Fell ist beinahe ganz weiß. Er hat die drei Wölfe nicht gesehen und folgt ruhig und still dem alten Rentierpfad. Die drei Wölfe bleiben stehen und beobachten den Fremden. Sie sind sehr erregt, lautlos schleichen sie sich an.

Der fremde Wolf zögert und hebt witternd die Schnauze. Er hat gehört, daß sich ihm jemand

nähert. Er wendet sich um und sieht die drei Wölfe. Diese bleiben sofort stehen. Eine Zeitlang stehen sie regungslos; aber man sieht dem Leitwolf an, daß er wütend ist. Die Nackenhaare sträuben sich, er spitzt die Ohren, und der Schwanz ist steil aufgerichtet. Er hat keine Angst vor dem fremden Wolf, er bleckt die Zähne, und ein tiefes Knurren kommt aus seiner Kehle.
Der fremde Wolf dagegen hat Angst. Die Ohren liegen flach am Kopf, den Schwanz hat er zwischen die Hinterbeine geklemmt, und die Lefzen sind hochgezogen, ohne daß er die Zähne entblößt.
Der große Wolf geht langsam und steifbeinig auf den Fremden zu. Er ist bereit zum Sprung. Der Fremde wartet ab. Die beiden anderen Wölfe folgen dem großen in kurzem Abstand, und sie sehen genauso angriffslustig aus wie er.
Plötzlich springt der große Wolf los, der Gegner versucht auszuweichen, ist aber nicht schnell genug, und schon wälzen sich die beiden Tiere in wildem Kampf auf dem Boden. Das Heulen des großen Wolfes vermischt sich mit dem erbärmlichen Jaulen des Eindringlings.
Der Kampf währt nur kurze Zeit, dann liegt der fremde Wolf jaulend auf dem Rücken, der große

Wolf steht über ihm und knurrt tief. Aus einem Bein des Besiegten rinnt Blut.

Plötzlich springt der Fremde auf und stürzt, so schnell er kann, davon. Die andern drei setzen ihm nach, aber sobald der Fremde ihr Territorium verlassen hat, lassen sie ihn laufen. Er ist schnell verschwunden. Dem großen Wolf ist nichts passiert. Die Haarbüschel, die er am Hals verloren hat, werden bald wieder nachwachsen.

Sie sehen den fremden Wolf nicht wieder, und kein anderer Wolf wagt sich in das Territorium des Rudels. Den Rest des Sommers verleben sie friedlich.

Die Geburt

Ende März wird die alte Wölfin immer rastloser. Sie ist sehr unförmig geworden und wird in den nächsten Tagen ihre Jungen werfen. Meistens ruht sie sich aus und schläft und hält sich beinahe immer in der Nähe der Höhle auf. Die Haare auf ihrem Bauch fallen aus, und sie legt die Höhle damit aus, damit die Jungen eine weiche und warme Unterlage haben. Und sie versteckt für sich etwas Fleisch in der Höhle, um in den ersten Tagen nach der Geburt etwas zu fressen zu haben.

Am Tag, bevor sie werfen wird, ist sie sehr unruhig. Sie kann nicht lange stilliegen und wechselt dauernd ihre Stellung. Ihre Brustwarzen sind schon mit Milch gefüllt.

Sie läßt häufiger Wasser als sonst, und ab und zu leckt sie sich zwischen den Hinterbeinen, dort wo die Welpen herauskommen werden. Am Abend will sie nicht mit zur Jagd, sie verschwindet in der Höhle, als die anderen davonlaufen.

Die ganze Nacht verbringt sie in der Höhle, und am nächsten Morgen beginnt sie zu gebären. Früh am Morgen kommt das erste Junge, leicht und schnell. Der kleine Welpe wird sofort abgeleckt. Die Mutter entfernt auf diese Weise die Fruchtblase, in der er liegt, und die Nabelschnur beißt sie durch. Das Stück, das hängen bleibt, ist nur einige Zentimeter lang. Als das Junge saubergeleckt ist, dreht sie sich so, daß es zwischen ihren Vorder- und Hinterbeinen an ihrem Bauch liegt. Dann leckt sie sich zwischen den Hinterbeinen und wartet darauf, daß das nächste Junge kommt.

Das zweite Wolfsjunge wird eine halbe Stunde später geboren. Es wird auch sofort von der Fruchtblase befreit, damit es atmen kann, und genau wie beim ersten Welpen wird die Nabelschnur durchgebissen. Durch die Nabelschnur hat das Junge Nahrung bekommen, während es noch im Bauch der Mutter lag.

Fünf Welpen bringt sie zur Welt, zwei männliche und drei weibliche. Sie wiegen alle ungefähr ein halbes Kilo. Es vergehen drei Stunden, bis das letzte Junge geboren ist. Die Neugeborenen sind blind und taub und liegen nun weich und geborgen – wie dunkelbraune nasse Fellhäuf-

chen – zwischen den Beinen der Mutter.
In der ersten Stunde nach der Geburt liegen die Welpen ganz still, wenn sie geleckt werden, später fangen sie an, langsam herumzukriechen. Sie suchen nach den Brustwarzen der Mutter, aber da sie sich noch nicht gut bewegen können, schubst die Mutter sie zurecht, damit sie an die Milch gelangen. Mit ihren kleinen Schnauzen suchen sie den Bauch der Mutter ab, und sobald sie eine Brustwarze finden, fangen sie an zu saugen.
Eines der weiblichen Jungen will nicht saugen. Die Mutter schiebt es mit der Schnauze, damit es einen besseren Platz bekommt, aber es rührt sich nicht. Sie stößt es wieder und wieder an, aber es bleibt still liegen. Sie schnuppert an ihm und leckt es, aber es hilft nichts. Es ist tot.
Am nächsten Tag trägt sie es aus der Höhle und legt es ein Stück seitlich des Eingangs auf den Boden, und einige Tage später ist es verschwunden, die Füchse haben es geholt.
Die anderen vier Welpen sind gesund. Man sieht, daß es ihnen gutgeht. Die Mutter leckt sie ständig und hilft ihnen, wenn es Zeit zum Trinken ist. Aber sie trinken nicht viel auf einmal, die meiste Zeit liegen sie und schlafen, und manchmal fiepen sie ganz schwach.

Wenn die Mutter die Welpen am Bauch zwischen den Hinterbeinen leckt, lassen sie Wasser und entleeren sich. Sie leckt auf, was die Kleinen ausscheiden. Auf diese Weise bleibt die Höhle die ganze Zeit trocken und sauber.
In den nächsten Tagen verläßt die Mutter die Höhle nur selten, sie bleibt bei den Jungen und wärmt sie. Weder der Leitwolf, der Vater der Jungen, noch die anderen Wölfe wagen, sich ihr zu nähern. Wenn sie sich zu dicht an den Eingang wagen, hält sie das tiefe Knurren der Mutter zurück. Eine Wolfsmutter hat vor nichts Angst, und sie wird um jeden Preis ihre Jungen verteidigen.
Die Mutter verläßt die Höhle nur, wenn sie Wasser lassen muß oder wenn sie fressen will. Sie geht nicht mit auf die Jagd. Die anderen erwachsenen Wölfe bringen ihr Nahrung, Fleischstücke von Tieren, die sie erlegt haben. Manchmal, wenn sie nichts mitgebracht haben, würgen sie heruntergeschluckte Fleischstücke für die Wölfin hervor. Wenn das Rudel von der Jagd heimkommt, geht die Wölfin ihnen entgegen. Sie wedelt heftig mit dem Schwanz und leckt den anderen über die Schnauze, dann brechen sie Fressen für sie aus.

Nach einer Woche beginnt die Mutter, sich etwas länger außerhalb der Höhle aufzuhalten. Sie liegt oft neben dem Eingang und ruht sich aus. Jeden Abend ziehen die anderen Wölfe auf die Jagd, aber die Wölfin bleibt bei ihren Jungen. Bei dem kleinsten Jaulen aus der Höhle sieht sie nach, und wenn ein Welpe sich zu weit von den anderen entfernt hat, trägt sie ihn vorsichtig zurück. Wenn die Jungen nahe beieinander liegen, können sie sich besser wärmen, denn es ist immer noch kalt, der Sommer hat noch nicht begonnen.

Die Jungen fressen inzwischen schon eine ganze Menge und wachsen schnell, sie nehmen jeden Tag mehrere hundert Gramm zu. Mit zwölf Tagen haben sie die Augen offen und können sehen. Sie sind jedoch noch sehr hilflos, und meistens liegen sie in einem Haufen übereinander. Manchmal, wenn die Mutter schläft, klettern die Jungen auf ihr herum. Die Welpen verlassen immer noch nicht die Höhle, aber nun erlaubt die Alte, daß die anderen hereinkommen und sie betrachten.

Als die Jungen fünfzehn Tage alt sind, brechen die ersten Milchzähne durch. Es sind kleine, nadelspitze Zähne, was die Mutter bald zu spüren bekommt, wenn die Jungen an ihren Brustwarzen saugen. Später, mit drei Wochen, beginnen die kleinen Wölfe zu hören. Sie können aufstehen und tappen unsicher auf ihren kleinen Beinen umher, und bald werden sie das erste Mal die Höhle verlassen.

Am Anfang hat die Mutter die Welpen zurückgebracht, wenn sie sich zu weit von den andern entfernt hatten, aber nun dürfen sie in der Höhle herumlaufen, wo sie wollen. Sie sind nicht mehr so abhängig von der Körperwärme der anderen.

Einmal, als die Mutter vor der Höhle ausruht, hört sie die Jungen ganz in ihrer Nähe. Sie sind zum Eingang gekrabbelt und schauen aus der Höhle. Sie blinzeln mit den Augen, weil sie das helle Tageslicht nicht gewöhnt sind. Schnell laufen und kullern sie zurück in die sichere Dunkelheit. Kurz danach tauchen sie wieder auf, und diesmal wagen sie sich ganz aus der Höhle heraus. Die Mutter liegt da und behält sie im Auge.

Die Jungen sind sehr ausgelassen. Sie spielen miteinander, aber sie können ihre Bewegungen noch nicht richtig steuern. Immer wieder stolpern sie und purzeln durcheinander. Die Kleinen sind neugierig auf alle Dinge in ihrer Umgebung. Jeder Stein, jede Pflanze wird beschnüffelt und

genau untersucht. Es gibt so viel Neues.
Die Mutter liegt die ganze Zeit und beobachtet sie, und wenn ein Junges sich zu weit vorwagt, wird es sofort zu den anderen zurückgetragen. Sie muß gut auf sie achtgeben, denn solange die Jungen so klein sind, können sie leicht die Beute eines Fuchses oder Raubvogels werden. Wenn jedoch die Mutter bei den Welpen ist, kann kein Raubtier ihnen etwas tun.
Der kleinste fremde Laut macht den Jungen Angst. Gerade sitzt ein Sperling in ihrer Nähe auf einem hohen Stein. Die Jungen haben ihn noch nicht entdeckt. Der Vogel fängt an zu zwitschern, und sofort stürzen die Welpen in die

Höhle. Doch bald trauen sie sich wieder heraus, und der nächste Sperling wird sie nicht mehr erschrecken.

Die Jungen wachsen schnell, und als sie vier Wochen alt sind, trinken sie mehr als einen halben Liter Milch am Tag. Die Brustwarzen der Mutter schmerzen und sind geschwollen von den vielen spitzen Zähnen. Oft legt sie sich so, daß die Jungen nicht saugen können, um etwas Ruhe vor ihnen zu haben.

Wenn die Mutter den Welpen zu trinken geben will, steht sie auf. Es ist schwer für die Jungen, gleichzeitig Platz zu finden, sie stellen sich auf die Hinterbeine und stemmen ihre Vorderpfoten gegen die Brustwarzen, und die ganze Zeit schieben und drängeln sie einander zur Seite. Trotzdem bekommen alle, was sie brauchen.

Die Jungen bekommen nun auch feste Nahrung. Wenn die erwachsenen Wölfe von der Jagd heimkommen, laufen sie sofort zu den Jungen und werden freudig begrüßt. Die Kleinen springen jaulend um die großen Wölfe herum und lecken sie am Kopf, damit sie ihnen Fressen aufstoßen. Die Welpen zerreißen das Fleisch mit ihren kleinen Milchzähnen und schlingen die Brocken gierig herunter. Sie sind schnell satt,

und die Mutter frißt auf, was die Jungen nicht schaffen. Sie erbettelt mehr Nahrung von den anderen, und meistens bekommt sie sie.
Nach dem Fressen suchen sich die Wölfe einen Platz zum Schlafen. Die Erwachsenen liegen verstreut vor der Höhle, die Jungen dichtgedrängt am Eingang. Aber die kleinen Wölfe sind sehr verspielt und schlafen nicht sehr lange. Bald beginnen sie wieder herumzutollen.
Es macht ihnen Spaß, sich wild um die eigene Achse zu drehen, um ihren eigenen Schwanz zu fangen, und sie jagen einander mit großer Ausdauer. Die Beißereien verlaufen freundschaftlich, sie beißen niemals fest zu, sie zwicken einander nur.
Wenn eines der Jungen zu ungestüm wird, greift der Vater ein. Jedesmal, wenn so etwas geschieht, springt einer der Erwachsenen auf; auf diese Weise bekommen die Jungen schnell Respekt vor ihnen. Zuletzt genügt es, wenn einer der Altwölfe knurrt, dann hören die Jungen sofort mit dem stürmischen Spiel auf.
Als die Jungen neun Wochen alt sind, hat die Mutter nicht mehr genug Milch für sie. Sie versucht, ihnen das Milchtrinken abzugewöhnen. Sie legt sich auf den Bauch, damit sie nicht trin-

ken können, oder sie läuft davon, wenn die Jungen zudringlich werden.
Der Leitwolf hilft der Wölfin, die Welpen zu entwöhnen. Er knurrt sie an, wenn sie zu aufdringlich werden, und ab und zu packt er einen am Genick und schüttelt ihn sanft. Sofort wirft der Welpe sich auf den Rücken, jault und läßt Wasser, dann wird er vom Vater in Ruhe gelassen.
Schon jetzt verstehen die Jungen viel von der Sprache der erwachsenen Wölfe. Sie können unterscheiden, wann die Altwölfe mit ihnen unzufrieden sind oder freundlich gestimmt, oder ob sie Fressen für sie haben.
Das Spiel der Jungen ändert sich allmählich, sie messen ihre Kräfte und kämpfen miteinander. Auf diese Weise lernen sie, wer von ihnen der Stärkste ist.
Schon als die Jungen zwei Monate alt sind, gibt es bei ihnen wie bei den Altwölfen eine deutliche Rangordnung. Einer der Rüden ist am stärksten, ihm folgen die beiden Wölfinnen. Am niedrigsten in der Rangordnung steht der andere Rüde. Aber noch nehmen sie es nicht so genau, sie spielen miteinander und zanken sich ums Fressen, besonders wenn die Altwölfe ihnen rohes Fleisch mitbringen.

Die neue Höhle

Es ist Juni, und es ist wärmer geworden. Der arktische Sommer hat begonnen, und der größte Teil der Rentiere ist weiter nach Norden gezogen. Die Tiere, die dort geblieben sind, wo die Wölfe ihre Höhle haben, sind schwer zu fangen, und die Wölfe leben zum größten Teil von Wühlmäusen und anderen Kleintieren. Ein ausgewachsener Wolf braucht eine Menge Mäuse, um satt zu werden. Das Rudel muß eifrig jagen, um Nahrung für die vier Jungen heranzuschaffen.

Auch die Jungen versuchen Mäuse zu fangen, aber sie sind nicht so erfolgreich wie die Erwachsenen, obwohl sie es genauso machen wie die Großen. Sie stehen bewegungslos neben den Löchern, und wenn eine Maus herauskommt, werfen sie sich blitzschnell mit ausgestreckten Vorderpfoten auf die Beute. Wenn sie Glück haben und die Wühlmaus unter ihren Pfoten eingeklemmt ist, wird sie mit einem Biß in den Nakken getötet. Dabei schüttelt der Wolf die Maus, um nicht von den scharfen Zähnen des Beutetiers gebissen zu werden. Selbst wenn die Erwachsenen den Jungen tote Wühlmäuse bringen, werden diese kräftig geschüttelt.

Die Altwölfe jagen nicht mehr im Rudel, sie streifen allein durch das Territorium. Ab und zu finden sie ein Vogelnest mit Eiern, aber Vogelnester sind schwer zu entdecken. Wenn ein Wolf sich einem Schneehuhnnest nähert, bleibt einer der Vögel auf dem Nest sitzen. Das andere Schneehuhn entfernt sich vom Nest und gibt vor, krank zu sein: es läuft vor dem Wolf her, hinkt und schlägt mit den Flügeln, als hätte es Bein und Flügel gebrochen. Der Wolf wird neugierig und folgt dem Schneehuhn, und auf diese Weise wird er von dem Nest weggelockt. Wenn der Wolf weit genug entfernt ist, fliegt das Schneehuhn auf.

Der Wolf muß sehr viel Glück haben, wenn er das Nest wiederfindet. Das andere Schneehuhn bleibt still liegen und deckt die Eier zu, und da es dieselbe Farbe wie die Erde und die Pflanzen hat, ist es beinahe nicht zu sehen. Der Wolf muß fast darauf treten, bevor es auffliegt und das Nest verrät.

Die Wölfe versuchen auch Lachse im Fluß zu fangen. Sie schleichen vorsichtig ans Ufer, um die Fische nicht zu verscheuchen, und dort bleiben sie lange bewegungslos stehen und beobachten die Fische. In einem günstigen Moment springen sie mit einem Satz ins Wasser, sind für einen Moment unter der Oberfläche verschwunden, und machmal tauchen sie wieder auf mit einem großen, fetten Lachs in der Schnauze.
Auch Hasen sind eine beliebte Beute bei Wölfen. Doch die Hasen sind nicht leicht zu fangen, sie können auch dem schnellsten Wolf davonlaufen. Die Wölfe erwischen sie nur, wenn sie sich anschleichen können, ohne entdeckt zu werden, und das gelingt nur selten.

Die Welpen sind nun zehn Wochen alt. Sie verbringen ihre Tage mit Laufen und Spielen, Fressen und Schlafen, und sie sind neugierig auf alles in ihrer Umgebung. Alles was gekaut werden kann, wird ins Maul genommen, und an allem wird geleckt, genagt und damit gespielt. Die Jungen werden schnell groß und stark und lernen zu rennen und zu klettern wie die Alten, aber immer noch behält einer der Großen sie im Auge. Wenn die Jungen sich zu weit entfernen,

rufen die Altwölfe sie, und die Jungen kommen sofort zurück.

Die kleinen Wölfe vergraben Knochen in der Erde, wie sie es bei den Alten gesehen haben. Auch das Fleisch, das sie nicht fressen können, wird vergraben, aber gleich buddelt ein anderer das Stück wieder aus, und dann beginnt die wilde Jagd. Manchmal versuchen die Jungen mit einem der Großen zu spielen. Die zwei im Vorjahr geborenen, besonders die Wölfin, spielen ab und

zu mit ihnen. Die drei älteren Wölfe spielen nicht gern, aber die Welpen dürfen mit ihnen tun, wozu sie Lust haben.
Manchmal fällt ihnen ein, auf einen der Großen zu klettern und in alle Körperteile zu beißen, die vorstehen. Einmal nagen zwei der Jungen am Schwanz der Mutter, während die beiden anderen mit ihren Ohren beschäftigt sind. Sie schütteln und beißen, und als es ihr zuviel wird, setzt sie sich auf, zieht ihren Schwanz ein und versteckt den Kopf zwischen den Vorderpfoten. Aber die Jungen lassen sie nicht in Ruhe, sie stürzen sich auf ihre Pfoten. Jeder Welpe nagt an einer Pfote, und zuletzt wird sie es müde, sie springt auf und läuft die Böschung hinunter.
Die Jungen stürmen ihr nach, aber sie sind zu ungeschickt und rollen die Böschung hinunter. Eifrig versuchen sie es wieder und wieder, aber sie schaffen es nicht. Doch das macht ihnen nichts, es gibt andere Wölfe, die sie überfallen können.
So vergehen die Tage für die Jungen. Am Abend verlassen die alten Wölfe die Höhle und gehen auf Jagd. Dann bleiben die Jungen zurück und warten darauf, daß sie mit Nahrung zurückkommen.

Auch als die Welpen größer geworden sind, bleibt die Mutter bei ihnen, obwohl sie gern mit den anderen auf die Jagd gehen würde. Der große Wolf versucht mehrere Male sie mitzulokken. Am Abend geht er zu ihr und leckt sie und stößt sie freundschaftlich mit der Schnauze in die Seite, und wenn er die Höhle verläßt, folgt sie ein Stückchen, aber dann hält sie an und kehrt zu den Jungen zurück.
Im Laufe der Zeit geht sie immer ein Stückchen weiter mit. Eine Stunde kann sie die Jungen jetzt allein lassen, aber dann kehrt sie zur Höhle zurück.
Die Welpen können sich bald nicht mehr in der Höhle aufhalten. Die Mutter kommt nur noch selten dorthin, sie liegt meistens draußen vor dem Eingang und schläft. Die Jungen schlafen nun auch immer öfter vor der Höhle, vielleicht ist es zu warm für sie, wenn sie alle zusammen dort unten liegen.

Eines Morgens, als die anderen Wölfe von der Jagd heimkommen, ist die Mutter verschwunden, und es ist still in der Höhle. Die Alte und die Welpen kommen ihnen sonst entgegen, eifrig wedelnd und um Nahrung bettelnd, aber heute

stürmen ihnen nur zwei der Jungen entgegen. Wo sind die anderen? Die Wölfe laufen zum höchsten Punkt des Hügels und spähen über die Ebene. Ein paar von ihnen heulen, aber keiner gibt Antwort. Sie können es nicht verstehen.
Sie warten lange, dann sehen sie die alte Wölfin vom Fluß her näher kommen. Diesmal bettelt die Wölfin nicht um Nahrung, sie läuft zu einem der Jungen, packt es am Genick und trägt es vorsichtig in der Schnauze fort. Der kleine Wolf ist schwer, er wiegt beinahe sieben Kilo, aber die Mutter läuft trotzdem leicht und behende.
Die anderen Wölfe folgen ihr. Die Alte schlägt wieder die Richtung zum Fluß ein, folgt eine Zeitlang dem Flußufer, dann ändert sie die Richtung und läuft auf eine kleine Felsenhöhle zu. Zwischen einigen großen Felsbrocken setzt sie das Junge vorsichtig ab und kehrt eilig zur Höhle zurück, um das letzte Junge zu holen.
Zwischen den Steinen sind die übrigen Jungen. Sie haben durch die Reise keinen Schaden genommen und sind so damit beschäftigt, das neue Gebiet zu erforschen, daß sie ganz vergessen, die Erwachsenen zu begrüßen und um Nahrung zu betteln.
Die Wölfe haben einen neuen Standort, aber hier

ist keine Höhle, in der die Jungen sich verkriechen können, sie müssen mit den Erwachsenen im Freien schlafen. Der neue Platz liegt gut geschützt innerhalb der Grenzen des Territoriums, und er eignet sich besser für die heranwachsenden Jungen als die alte Höhle. Die Felsblöcke sind so steil, daß die Jungen nicht darüberklettern und weglaufen können.

Die Mutter kann die Jungwölfe jetzt am Abend allein lassen und mit den anderen Wölfen auf Jagd gehen, ohne Angst haben zu müssen. Inzwischen sind die Jungen groß genug, sich gegen Füchse und Raubvögel selber zu verteidigen.

Die Moschusochsen

Schon am ersten Abend am neuen Aufenthaltsort geht die Mutter mit den anderen Wölfen auf Jagd. Sie ist erleichtert, endlich einmal von den Jungen wegzukommen, und sie läuft den anderen unternehmungslustig voran. Es ist lange her, daß alle fünf Wölfe gemeinsam gejagt haben.

Es ist ein ungewöhnlicher Tag gewesen. Das Wolfsrudel mußte sich an einen neuen Ort gewöhnen, und die Jungen waren sehr aufgeregt. Und dann hat der Nordwind einen seltsamen Geruch mitgebracht, der die Altwölfe unruhig und rastlos gemacht hat. Immer wieder haben die Wölfe zum Horizont gespäht, ohne etwas zu entdecken. Aber ihre Unruhe hat sich nicht gelegt, da ist ein Geruch, den sie nicht gewöhnt sind.

Die Wölfe haben die nördliche Richtung eingeschlagen, um herauszufinden, woher der Geruch kommt. An einer Stelle müssen sie den Fluß überqueren, aber das macht ihnen nichts aus,

Wölfe sind gute Schwimmer, und sie haben es eilig, weiterzukommen.
Die Wölfe laufen mehrere Stunden ohne Pause. Es geht immer weiter bergauf, hier und dort erheben sich mächtige Felsblöcke, und die Pflanzen haben es schwer, auf den nackten Felsen Fuß zu fassen. Die Landschaft ist karg, nur Moos und Flechten können hier wachsen.
Der merkwürdige Geruch wird immer stärker. Die Wölfe bewegen sich jetzt vorsichtiger. Ab und zu bleiben sie stehen und schnuppern in den Wind.
Als die Wölfe einen kleinen Hügel erreicht haben, bleibt die große Wölfin plötzlich stehen. Die anderen Wölfe halten auch an und folgen ihrem Blick.
Dort, einige hundert Meter vor ihnen, sehen sie ein paar seltsame dunkelbraune Haufen. Die Wölfe erkennen, daß diese Fellhügel große Tiere sind, die dort liegen und schlafen. Es waren also Moschusochsen, deren Fährten sie den ganzen Tag gefolgt sind.
Die Moschusochsen haben die Wölfe nicht gesehen, sie wenden ihnen den Rücken zu. Die Wölfe stehen unbeweglich und blicken auf die schlafenden Tiere. Die drei alten Wölfe sind Moschus-

ochsen schon oft begegnet und wissen, wie gut deren Fleisch schmeckt, aber die zwei Jungwölfe sind ängstlich. Sie haben diese riesigen Tiere noch nie gesehen, und sie wissen nicht, wie gefährlich sie sind.
Es sind zwei Kälber und fünf alte Tiere, darunter ein alter und ein jüngerer Stier, die anderen ausgewachsenen Tiere sind Kühe. Der große Stier ist wach. Er liegt kauend und schaut sich ab und zu um, ob Gefahr droht. Noch sieht er die Wölfe nicht, und er kaut ruhig weiter.
Die Wölfe stehen dicht beieinander. Sie wedeln leicht mit dem Schwanz, wittern und geben keinen Laut. Langsam setzt sich der große Wolf in Bewegung, auf die Moschusochsen zu, und die andern folgen ihm. Sie schleichen vorsichtig zu den Kälbern, die ein Stück von den anderen Moschusochsen entfernt liegen.
Die Moschusochsen haben noch nichts gemerkt. Die Wölfe treten lautlos auf, der Wind steht günstig und verrät sie nicht, und so können die Wölfe sich unbemerkt nähern. Bald hören sie die ruhigen Atemzüge der Moschusochsen. Die großen Tiere schnaufen heftig, und jedesmal, wenn sie ausatmen, sehen die Wölfe den weißen Dampf aus ihren Nasenlöchern kommen. Es ist

nicht ganz dunkel. Obwohl es mitten in der Nacht ist, steht die Sonne nur wenig unter dem Horizont.

Schließlich sind die Wölfe nur noch fünfzig Meter vom nächsten Kalb entfernt. Der große Stier dreht bedächtig den Kopf und sieht sich um. Plötzlich erstarrt er, er hat die Wölfe entdeckt. Der große Wolf bemerkt das sofort, mit einem Satz springt er vorwärts und stürzt auf das Kalb zu. Die anderen Wölfe jagen hinterher.

Mit einer behenden Bewegung ist der Stier auf den Beinen und brüllt, um die Kälber zu wecken. Sie entdecken die Wölfe, springen auf und rennen hinüber zu den Alttieren. Die Wölfe stürzen ihnen nach, aber die Kälber haben sich schon zwischen den anderen Tieren in Sicherheit gebracht.

Die ganze Herde ist vom Gebrüll des Stiers aufgewacht, und die Tiere sind sofort aufgestanden. Sie laufen nicht weg, sie bleiben stehen und erwarten die Wölfe.

All das spielt sich in kürzester Zeit ab. Die alten Moschusochsen haben einen Ring um die Kälber gebildet, sie stehen seitlich nebeneinander, und ihre scharfen Hörner sind gegen die Wölfe gerichtet. Die Wölfe stürzen auf eines der Tiere zu,

um die Herde zu zersplittern, aber die Mochusochsen weichen keinen Schritt. Der große Stier macht rasche Ausfälle gegen die Wölfe; und trotz seiner siebenhundert Kilo ist er genauso schnell wie die Wölfe. Er ist gefährlich – mit seinen scharfen Hörnern kann er leicht einem Wolf den Bauch aufschlitzen.

Die Wölfe versuchen immer wieder, die Herde zu zerstreuen, weil sie hoffen, auf diese Weise an die Kälber zu gelangen. Aber die Kälber wissen, daß ihnen Gefahr droht, und halten sich dicht bei ihren Müttern auf, denn dort sind sie in Sicherheit.

Der große Stier greift immer heftiger an und versucht, einen der Wölfe auf die Hörner zu nehmen. Aber die Wölfe können seitlich ausweichen und laufen um ihn herum, um ihn von hinten anzugreifen. Aber es glückt nicht, der Stier ist zu schnell.

Die Wölfe sind hungrig, besonders die alte Wölfin, deshalb geben sie nicht so schnell auf.

Die Wölfe versuchen, die Moschusochsen müde zu machen, aber die Tiere sind sehr ausdauernd. Nur sie selber werden erschöpft, und das ist gefährlich, denn dann werden sie unaufmerksam und unvorsichtig und nehmen sich nicht genug in acht vor den Hörnern des Stiers.

Einer der Wölfe versucht mit letzter Kraft, den Stier von der Seite anzugreifen. Doch der Stier pariert den Angriff, macht eine Kehrtwendung und steht dem Wolf gegenüber. Der Wolf will anhalten, aber seine Vorderpfoten rutschen über das lose Geröll und finden keinen Halt.

Der Stier greift blitzschnell an. Bevor der Wolf ausweichen kann, hat der Stier ihn auf seine Hörner genommen und wirft ihn hoch in die Luft. Dumpf schlägt der Körper auf dem Boden auf, und der Wolf heult laut vor Schmerz. Sofort stürzt sich der Stier wieder auf den Wolf, aber jetzt sind die anderen Wölfe zur Stelle, greifen den Stier alle gleichzeitig an, um das verwundete Tier zu schützen. Der Stier bremst und wendet sich zurück zur Herde.

Wimmernd erhebt sich der verwundete Wolf, er blutet heftig aus einer großen Wunde am Bauch. Humpelnd macht er sich auf den Rückweg.

Die anderen Wölfe greifen die Moschusochsen noch ein paarmal an, aber der Stier ist jetzt sicherer, nachdem er einen der Wölfe mit den Hörnern getroffen hat. Er läßt sich nicht überlisten und scheint auch nicht müde zu sein, obwohl der Kampf schon mehr als eine Stunde dauert.

Die Wölfe dagegen sind erschöpft, die Zunge hängt ihnen aus dem Maul, und sie keuchen atemlos. Sie sind vorsichtig geworden, seit einer von ihnen verwundet worden ist.

Nach einigen Minuten geben die Wölfe auf. Sie sehen ein, daß sie keinen Moschusochsen erlegen können, die Herde verteidigt sich zu gut. Eine Zeitlang stehen sich die Tiere noch gegenüber, dann lassen sich die Wölfe in der Nähe der Herde auf dem Boden nieder. Sie warten darauf, daß die Herde sich wieder zerstreut, und eines der Kälber ungedeckt ist.

Die Moschusochsen bleiben ruhig stehen, sie legen sich nicht hin, solange die Wölfe in der Nähe

sind. Der Wind spielt in ihren langen braunen Haaren, es sieht aus, als wären die Tiere in eine dicke Felldecke gehüllt, die ihnen beinahe bis zu den Hufen reicht. Die Winterwolle fällt gerade aus, nur noch vereinzelt hängen graue Haarknäuel über der neuen Sommerwolle.
Die Moschusochsen schauen ruhig auf die Wölfe. Sie haben keine Angst, denn sie kennen ihre eigenen Körperkräfte; eine der Kühe kaut schon wieder bedächtig. Die Kälber spähen vorsichtig hinter den Großen hervor.
Beinahe eine Stunde bleiben die Wölfe liegen und warten. Dann erhebt sich das Rudel. Gemeinsam stimmen die Wölfe ihr Geheul an. Das Echo schallt von den Felswänden wider. Vielleicht rufen sie den verwundeten Wolf, aber es kommt keine Antwort, es bleibt ganz still. Dann wenden sich die Wölfe von den Moschusochsen ab und verschwinden zwischen den Felsen.
Sie müssen nicht weit laufen, bis die Blutspur sie zu dem verwundeten Wolf führt. Die Wölfe gehen ganz nah heran, das Blut strömt noch immer aus der offenen Wunde. Doch der Wolf atmet nicht mehr, er ist tot.
Wieder heulen die Wölfe, und das hohe, langgezogene Heulen wird von den Felsen zurückge-

worfen. Die Wölfe stehen eine Weile um das tote Tier, dann manchen sie sich auf den langen Weg zurück zu den Jungen. Nun zählt das Rudel nur noch vier erwachsene Wölfe.

Die Beute

Am Morgen, als die vier Wölfe den neuen Aufenthaltsplatz des Rudels erreichen, werden sie stürmisch begrüßt. Die Welpen stürzen ihnen entgegen, springen an ihnen hoch und lecken sie am Kopf. So machen es die Jungen immer, aber heute sind sie besonders stürmisch. Sie haben Angst gehabt, denn sie waren zum ersten Mal eine ganze Nacht allein ohne ein großes Tier, das auf sie aufpaßt.

Die Welpen betteln um Nahrung, aber diesmal bekommen sie nichts. Die Wölfe hatten kein Glück bei der Jagd auf die Moschusochsen. Die Jungen jaulen und heulen, aber es hilft nichts, es gibt nichts zu fressen.

Hungrig umkreisen sie die Alten und wimmern leise, aber die großen Wölfe sind müde und wollen ihre Ruhe haben, sie haben sich zum Schlafen niedergelegt. Sie sind auch hungrig, aber sie müssen sich gedulden. Nicht einmal alte Knochen können sie ausgraben, um daran zu nagen.

Im Winter sind die Wölfe daran gewöhnt zu hungern, aber nicht im Sommer, und sie können nur warten und hoffen, daß sie in der nächsten Nacht mehr Glück bei der Jagd haben.

Den ganzen Tag jaulen die Welpen und betteln immer wieder um Nahrung. Sie begreifen nicht, daß sie nichts bekommen. Irgendwann wird es den beiden Rüden zuviel, sie erheben sich und entfernen sich von der Höhle. Sie folgen demselben Weg wie am Vortag; sie wollen zurück zu den Moschusochsen. Die zwei Wölfinnen bleiben bei den Jungen zurück.

Die beiden Wölfe kommen schnell voran. Nach ein paar Stunden erreichen sie das felsige Gebiet, in dem sie in der vorigen Nacht gegen die Moschusochsen gekämpft haben, und nun schleichen sie vorsichtig weiter. Dieses Mal wollen sie die Moschusochsen auf eine andere Weise überraschen.

Als sie nach einiger Zeit an dem toten Wolf vorbeikommen, sehen sie, daß Füchse und Raben daran gefressen haben, aber es ist immer noch viel Fleisch übrig. Obwohl die beiden Wölfe sehr hungrig sind, rühren sie den Kadaver nicht an, sie schnuppern nur daran, ehe sie weitergehen.

Nach kurzer Zeit stoßen sie auf frische Spuren von Moschusochsen. Sie merken, daß die Herde nicht weit entfernt ist. Nun schleichen die Wölfe noch vorsichtiger weiter. Sie folgen der frischen Spur, und es dauert nicht lange, bis sie die Herde sehen können. Die Moschusochsen grasen friedlich und sind über eine große Fläche verstreut, aber die zwei Kälber, auf die es die Wölfe abgesehen haben, halten sich dicht bei ihren Müttern auf.

Bisher hat keiner der Moschusochsen die Wölfe entdeckt, und der Wind weht zum Glück von den Moschusochsen zu den Wölfen hin, so können sie sich dicht heranwagen.

Durch Schaden klug geworden, gehen die Wölfe nicht sofort auf ihr Ziel los, sondern lassen sich auf den Boden nieder und beobachten die Herde. Sie warten darauf, daß sich eines der Kälber so weit von den erwachsenen Tieren entfernt, daß sie es überraschen können. Die Wölfe warten geduldig und liegen gut versteckt zwischen den Felsen.

Der große Stier schaut sich ständig um. Er weiß, daß die Wölfe zurückkommen werden, aber er hat sie noch nicht gewittert, und die anderen Moschusochsen grasen ruhig.

Lange Zeit verstreicht, aber die Kälber halten sich stets in der Nähe ihrer Mütter. Die Wölfe warten und bleiben in Deckung und passen auf, daß der Wind nicht von ihnen zu den Moschusochsen hinweht und sie verrät.
Nach einigen Stunden hat sich die Herde noch mehr zerstreut, und eines der Kälber grast ein Stück von der Kuh entfernt. Es weidet im hohen Gras bei einem kleinen Schmelzwassersee.
Behutsam schleichen sich die Wölfe an, das Kalb und die anderen Moschusochsen bemerken sie nicht.
Die Wölfe kriechen ganz flach über den Boden und vermeiden jedes Geräusch. Sie nähern sich dem Kalb bis auf wenige Meter.
Die Mutter ist weit weg von ihrem Kalb und ahnt die Gefahr nicht. Sie hat sich wieder hingelegt, aber sie beobachtet das Kalb die ganze Zeit. Die Wölfe lauern hinter ein paar großen Steinen, wo die Mutter sie nicht sehen kann.
Wie auf Kommando stürzen die beiden Wölfe plötzlich aus ihrem Versteck. Das Kalb dreht ihnen den Rücken zu und sieht sie nicht kommen.
Die Wölfe preschen mit langen Sprüngen vor, und ehe das Kalb weiß, was geschieht, haben die Wölfe es erreicht. Einer der Jäger packt das Kalb

an einem Hinterbein, und der andere beißt in seine Kehle.
Das Kalb versucht sich loszureißen, aber die Wölfe halten es fest. Das Kalb fällt zu Boden und wird augenblicklich von den Wölfen getötet. Die Mutter hat alles mitangesehen, sie springt auf und rennt zu dem Kalb, aber es ist zu spät – das Kalb ist schon tot.
Sobald die Mutter sich nähert, fliehen die Wölfe, sie haben Angst vor der rasenden Mutter. Sie wissen, daß die Kuh sie angegriffen hätte, wenn sie nicht geflohen wären. Aber die Wölfe sind flink und suchen das Weite. Die Mutter schnuppert am Kalb und stößt es mit ihrem Maul an, aber es rührt sich nicht mehr. Die anderen Moschusochsen erfassen sofort, was geschehen ist, und traben zu dem toten Kalb. Sie stellen sich in einem Kreis um das Tier auf, genauso wie sie es am Abend zuvor gemacht haben. Die Wölfe warten in einiger Entfernung, sie wollen sich nicht weiter als nötig von dem Kalb entfernen. Als jedoch der große Stier wütend schnaubt und angriffslustig mit den Hufen scharrt, ziehen sie sich weiter zurück und lassen sich auf der Erde nieder.
Die Wölfe sind hungrig und wollen an ihre Beu-

te, aber solange die Moschusochsen das Kalb bewachen, können sie nichts unternehmen. Geduldig warten sie, daß die Tiere sich zurückziehen.

Aber die Moschusochsen rühren sich nicht von der Stelle. Sie wollen das Kalb nicht verlassen, und den Rest des Nachmittags stehen sie Seite an Seite um das tote Tier herum.

Als es Abend wird, geben die Wölfe auf, sie erheben sich und machen sich auf den Rückweg zu den anderen Wölfen. Einmal bleiben sie stehen, heben die Köpfe und heulen. Sie heulen einige Minuten lang und brechen dann ab, und weit entfernt hört man das Antwortheulen der Wölfinnen und der Jungen.

Erst spät am Abend kommen die zwei Wölfe zu den anderen. Die Welpen springen ihnen wie immer entgegen, aber sie werden wieder enttäuscht. Auch dieses Mal bekommen sie nichts zu fressen, und sie jaulen und heulen und betteln um Nahrung, aber die Wölfe haben nichts für sie.

Auch die Wölfinnen sind sehr hungrig und möchten augenblicklich auf die Jagd. Sie stoßen die Schnauzen in die Seite der Wölfe, und die große Wölfin läuft ein Stück den Pfad hinunter

und versucht sie mitzulocken, aber die Rüden wollen nicht mit, sie möchten sich erst etwas ausruhen. Sie haben sich müde auf dem Boden ausgestreckt, hechelnd mit herausgestreckter Zunge. Doch schon wenig später erheben sie sich, und die Wölfinnen wedeln freudig, weil sie endlich auf die Jagd können.
Der große Wolf klettert auf einen hohen Felsen, und bald danach schallt sein Heulen über die

Ebene. Die anderen drei Wölfe fallen in das Heulen ein, das ihre Jagd ankündigt. Sogar die Welpen versuchen es, aber ihnen gelingt das Heulen noch nicht, es klingt eher wie das Kläffen von Hunden.
Kurz darauf machen sich die Altwölfe auf den Weg. Die Jungen bleiben zurück und legen sich zum Schlafen nieder.

Zum dritten Mal folgen die Wölfe dem langen Weg zu dem felsigen Gebiet, wo sich die Moschusochsen zuletzt aufgehalten haben. Als sie sich der Stelle nähern, wo sie das Kalb getötet haben, schleichen sie langsam und vorsichtig.
Die Moschusochsen sind verschwunden und halten sich anscheinend nicht mehr in der Nähe auf. Nur ein Tier ist zurückgeblieben – die Mutter des toten Kalbes. Sie hat die Wölfe schon von weitem gesehen und bleibt ruhig neben dem Kalb stehen. Die Wölfe gehen auf sie zu und merken, wie die Kuh unruhig wird. Als die Wölfe näherkommen, zieht sie sich langsam zurück. Die Wölfe gehen furchtlos auf sie zu, ein Moschusochse ist nicht so gefährlich wie eine ganze Herde.
Die Kuh zögert, sie weiß nicht, ob sie ihr totes

Kind verteidigen oder die Flucht ergreifen soll. Dann plötzlich macht die Kuh kehrt und rennt davon. Sie schaut nicht zurück, sondern galoppiert auf die Ebene hinaus, und die Wölfe lassen sie laufen, sie haben genug an dem Kalb.
Die Wölfe fressen gierig, sie sind sehr hungrig. Der alte Wolf wiegt ungefähr fünfzig Kilo, der jüngere Rüde und die Wölfin nicht viel weniger. Sie brauchen viel Fleisch, um satt zu werden. Unter normalen Bedingungen verzehren Wölfe ungefähr zwei Kilo Fleisch am Tag, aber jetzt verschlingen sie mehr, denn sie haben zwei Tage lang nichts zu fressen bekommen. Außerdem müssen sie vorsorgen für die Jungen. Die heranwachsenden Welpen brauchen beinahe soviel Fleisch wie die Alten.
Wie gewöhnlich verzehren die Wölfe zuerst die Eingeweide. Sie nagen auch an den Knochen, um ans Mark zu kommen, und die kräftigen Backenzähne der Wölfe zermalmen mit Leichtigkeit die großen Oberschenkelknochen des Kalbes. Das Fleisch fressen sie zuletzt, denn es enthält die wenigsten Nährstoffe.
Auch wenn sie soviel fressen, wie ihre Mägen fassen können, schaffen sie nicht das ganze Kalb. Beinahe die Hälfte ist noch übrig, als sie satt sind.

Einen Teil vom restlichen Fleisch vergraben sie, damit die Raben nicht drankommen, und falls die Füchse es nicht aufstöbern, haben die Wölfe einen Vorrat. Sie können später dahin zurückkehren, wenn sie wieder hungrig werden.
Die Wölfe scharren mit den Vorderpfoten ein tiefes Loch in die Erde. Dann stoßen sie Fleischbrocken und Knochen in das Loch und schieben

mit den Schnauzen den Sand wieder darüber.
Dann ist es Zeit, zu den Jungen zurückzukehren.
Die zwei Wölfinnen nehmen Fleisch für sie mit, eine Keule und ein Stück vom Rücken. Sie tragen es im Maul den ganzen Weg zurück zu den Jungen.

Es ist heller Tag, als sie heimkommen, und die Welpen sind ganz wild vor Freude. Sie stürzen sich gierig auf das Fleisch, knurren und schütteln die Stücke, als müßten sie selbst das Kalb erlegen.

Als die Jungen das frische Fleisch verschlungen haben, erbetteln sie mehr bei den Wölfen. Beide Rüden erbrechen etwas für sie, und später müssen die Wölfinnen auch noch Fleisch für sie hervorwürgen.

Endlich haben sie genug, und es wird ruhig im Rudel. Die Wölfe legen sich schlafen, müde und satt.

Der Kampf

Im Laufe der Wochen werden die Jungen größer und größer, und im August, als sie fünf Monate alt sind, sehen sie beinahe so aus wie die erwachsenen Wölfe. Die Schulterhöhe eines ausgewachsenen Wolfes kann neunzig Zentimeter sein und die Länge zwischen Schnauze und Schwanzspitze bis ein Meter vierzig. Die Jungen sind immer noch etwas kleiner, aber ihr Pelz hat dieselbe Farbe, und ihre Stimmen klingen beinahe wie die der Alten, sie jaulen nicht mehr, sondern heulen wie die Großen.

Beinahe alle Jungen haben die Milchzähne verloren, und an ihrer Stelle sind große, starke Zähne gewachsen. Die Jungen können bald mit den anderen Wölfen auf die Jagd gehen.

Die Welpen wagen sich immer weiter vor und üben sich im Jagen. Aber außer Mäusen und Wühlmäusen fangen sie nichts. Die großen Tiere wie Ren, Elch und Moschusochse müssen sie den Altwölfen überlassen.

Jeden Abend, wenn die Großen auf die Jagd gehen, folgen ihnen die Jungen ein Stück. Doch immer kehren sie zu den Felsen zurück, um dort den Rest der Nacht zu verbringen und auf das Fleisch zu warten, das die Wölfe ihnen mitbringen.

Die zwei Jungwölfe, die im Vorjahr geboren wurden, kann man inzwischen nicht mehr von den Alten unterscheiden. Nur wenn es auf die Jagd geht, sind sie aufgeregter und ungeduldiger als die großen Wölfe.

Sie spielen häufiger mit den Jungen, als die Alten es tun, aber auch die Jungen sind ruhiger geworden und nicht mehr so verspielt.

In der Zeit, als die Welpen klein waren, haben sie sich oft gebalgt, um die Rangordnung unter ihnen festzulegen. Diese Kampfspiele haben meist in Abwesenheit der Großen stattgefunden, weil die sonst eingriffen, wenn der Kampf allzu wild wurde.

Die Jungen haben jetzt ihre feste Rangordnung, genau wie die Altwölfe. Das zeigt sich besonders beim Fressen, da ist immer der Stärkste zuerst an der Reihe. Und das Spiel wird immer von ihm eröffnet, die anderen Jungen müssen sich fügen.

Die Welpen haben immer noch großen Respekt

vor den Erwachsenen, und beim kleinsten Zwischenfall werden sie angeknurrt. Die Jungen rollen sich dann sofort auf den Rücken, den Schwanz zwischen den Hinterbeinen und die Ohren flach zurückgelegt, und zeigen so den Alten, daß sie ihre Überlegenheit anerkennen.

Der junge Wolf vom Vorjahr ist in letzter Zeit selbständiger geworden. Oft geht er allein auf Jagd und kommt erst spät am Vormittag des nächsten Tages zurück. Manchmal knurrt er den Leitwolf sogar leise an, aber noch wagt er nicht, sich im Ernst gegen ihn zu erheben, denn im Grunde hat er genausoviel Respekt vor ihm wie die anderen Tiere des Rudels.

Der Große läßt ihn nicht aus den Augen, und wenn er merkt, daß der junge Wolf etwas vorwitziger ist als gewöhnlich, weist der Große ihn sofort zurecht.

Der Leitwolf fürchtet, daß der junge Rüde ihm eines Tages seinen Platz als Rudelführer streitig machen wird. Er muß immer auf der Hut sein und den anderen Wölfen zeigen, wer über das Rudel bestimmt.

Würde der Leitwolf im Kampf gegen den jungen Wolf unterliegen, müßte er das Rudel verlassen. Er wäre gezwungen, in großem Abstand hinter

ihnen herzuziehen und die Reste der anderen zu fressen. Er müßte allein Rentiere jagen, und das würde schwer werden im Winter, er würde hungern und vielleicht durch Hunger und Ermattung umkommen.
Der Leitwolf spürt, daß er alt wird und seine Kräfte nachlassen. Er ist nicht mehr so stark wie früher, als er sich seinen Platz als Ranghöchster im Rudel erkämpft hat. Das spornt den jungen Wolf an. Aber bisher hat er sich noch nicht getraut, den Leitwolf herauszufordern.
Wenn der Jungwolf allein auf Jagd geht, rollt er sich oft im Schmutz oder verfaultem Fisch, den er gefunden hat. Kommt er dann zurück, ist der Leitwolf mehr daran interessiert, ihn zu beschnuppern als ihn zu strafen. Auf diese Art sorgt der junge Wolf dafür, daß er nicht allzuoft von dem Großen zurechtgewiesen wird.

Eines Tages liegt der junge Wolf friedlich schlafend im Schatten eines großen Steines. Im Sommer kann es mittags sehr warm werden, und die Wölfe bewegen sich dann möglichst wenig. Es ist ihnen zu warm zum Jagen, sie suchen sich einen schattigen Platz, wo sie sich ungestört ausstrekken können. Wenn sie keinen Stein finden, gra-

ben sie eine Grube im Boden, in der sie kühl liegen können.
Der Leitwolf schläft heute nicht, er ist aufgestanden und betrachtet seinen Gegenspieler. Lange Zeit steht er bewegungslos. Der junge Wolf schläft mit dem Kopf auf einer Vorderpfote, und sein Körper hebt und senkt sich im Takt seiner ruhigen Atemzüge.
Der große Wolf geht näher heran, er tritt vorsichtig auf, um kein Geräusch zu machen. Außer ihm ist nur die alte Wölfin wach, alle anderen schlafen. Sie verfolgt genau alle seine Bewegungen und spürt, daß irgend etwas geschehen wird.
Der Alte schleicht lautlos, mit aufgerichtetem Schwanz und gespitzten Ohren. Vier Meter vor dem Jungwolf bleibt er stehen, wartet einen Moment und legt sich dann vorsichtig hin. Seine Hinterbeine hat er unter den Körper gezogen, damit er jederzeit abspringen kann, die Rute ist ausgestreckt hinter ihm auf dem Boden.
Der junge Rüde schläft ruhig weiter, er ahnt keine Gefahr. Der große Wolf hebt den Kopf, und plötzlich schnellt er vor. Mit einem Satz ist er bei dem schlafenden Wolf und wirft sich mit seinem ganzen Gewicht gegen ihn.
Bei dem Aufprall wird beinahe alle Luft aus den

Lungen des jungen Wolfes gepreßt, und mit einem Heulen richtet er sich auf. Der große Wolf ist sofort über ihm und beißt ihn ins Genick, aber der junge Wolf läßt sich nicht überrumpeln. Beide Wölfe wissen, was auf dem Spiel steht. Der Jüngere hat jetzt die Gelegenheit zu beweisen, daß er der Stärkste im Rudel ist, und der alte Wolf kann ein für allemal klarstellen, daß er immer noch Herr des Rudels ist.
Die beiden Wölfe wälzen sich am Boden. Das wilde Jaulen des jungen Rüden vermischt sich mit dem tiefen Knurren des alten. Die beiden Wölfe halten sich mit den Vorderbeinen umklammert und graben ihre starken Zähne tief in den Körper des Gegners.
Der Kampf währt lange, denn die beiden Rüden sind einander fast ebenbürtig, und der Ausgang des Kampfes ist noch offen. Der junge Wolf ist geschmeidiger und hat nichts zu verlieren, und auch wenn der Leitwolf ziemlich alt ist, ist er immer noch stark, und vor allem hat er Erfahrung aus vielen anderen Kämpfen.
Die übrigen Tiere sind vom Lärm erwacht und haben in einigem Abstand einen Kreis um die Kämpfenden gebildet. Sie wagen nicht einzugreifen, sondern warten in Ruhe ab.

Dem jungen Rüden gelingt es, sich aus der Umklammerung des Gegners zu befreien, und er versucht zu fliehen. Aber der alte Wolf nimmt die Verfolgung auf. Er holt ihn schnell ein, und noch einmal messen sich die beiden.

Aber mit dem Fluchtversuch hat der junge Wolf seine Schwäche gezeigt und das Selbstbewußtsein des alten Rüden gestärkt. Bald ist der Kampf entschieden. Der junge Wolf wirft sich auf den Rücken und jault demütig. Der Leitwolf steht über ihm und knurrt tief.

Der junge Wolf hat verloren, und ein für allemal hat er gelernt, wer der Anführer des Rudels ist. Er wird sich lange Zeit an diesen Kampf erinnern, und es wird viel Zeit vergehen, ehe er sich wieder gegen den Alten erhebt.

Langsam und steifbeinig entfernt sich der alte Wolf, und augenblicklich springt der junge Wolf auf die Beine und läuft zu ihm hin. Er kriecht beinahe über den Boden, leckt den Alten über den Kopf und stößt ihn mit seiner Schnauze in die Seite, und die ganze Zeit jault er leise. Der Alte rührt sich nicht und knurrt. Der junge Wolf springt um ihn herum, seinen Schwanz hat er zwischen die Beine geklemmt, und seine Ohren liegen flach am Kopf. Mit diesen Gebärden zeigt

er dem alten Rüden seine Unterlegenheit.
Der alte Wolf läßt ihn eine Zeitlang um sich kreisen, dann hört er auf zu knurren.
Die Ruhe im Rudel ist wiederhergestellt.
Die beiden Wölfe gehen friedlich auseinander.
Der junge Rüde schüttelt sich kräftig und fängt an, seine Wunden zu lecken. Er blutet aus einigen Wunden auf dem Rücken, und das Fell ist an mehreren Stellen mit Blut verklebt.
Die anderen Wölfe halten sich immer noch in einiger Entfernung von den beiden Kämpfern. Sie fürchten, daß der junge Wolf seine Niederlage an ihnen auslassen wird, um zu beweisen, daß er stärker ist als sie, auch wenn er gerade Schläge vom Leitwolf bezogen hat.
Aber der junge Rüde will sich lieber nicht darauf einlassen, denn der alte Wolf würde sicher noch einmal auf ihn losgehen, und das möchte er um jeden Preis vermeiden. Er beschäftigt sich eine Zeitlang mit seinen Wunden, dann kehrt er auf seinen alten Platz zurück und legt sich wieder hin, um weiterzuschlafen.
Der Leitwolf beobachtet ihn, und nachdem der junge Wolf sich ausgestreckt hat, macht er kehrt und läuft hinunter zum Fluß. Er watet ins Wasser, bis es ihm zu den Schultern reicht, und

trinkt. Das Wasser ist eiskalt, aber es scheint ihm nichts auszumachen.
Dann geht er zurück ans Ufer, schüttelt sich kräftig und schlendert zu den Wölfen zurück. Hier sucht er sich eine geeignete Stelle, scharrt in der Erde mit den Vorderpfoten, dreht sich dreimal rund um sich selbst und legt sich mit einem tiefen Seufzer zum Schlafen nieder.

Die Welpen lernen jagen

September und Oktober sind die Herbstmonate, und schon dann frieren die Seen zu, und der Boden wird hart. Der Frost kommt so plötzlich, daß viele Pflanzen keine Zeit zum Welken haben, sie erfrieren, solange sie noch grün sind. Auf diese Weise bewahren sie ihre Nährkraft für die Pflanzenfresser, die sonst in der kalten Jahreszeit verhungern würden.

Der Einbruch des Herbstes bedeutet auch, daß die Wölfe ihren festen Standort verlassen müssen. Das ganze Rudel streift nun gemeinsam durch das Territorium und schläft dort, wo ihre Jagd beendet ist.

Die Jungen sind so groß geworden, daß sie den erwachsenen Tieren auf ihren Wanderungen folgen können, aber noch sind sie nicht flink genug, um sich an der Jagd auf Rentiere zu beteiligen. Sie versuchen den Geißen zu folgen, so gut sie können.

Die Rens haben mit ihrer Wanderung nach Süden begonnen, und kleine Rentierherden vereinen sich, während sie langsam grasend zurückwandern zu den großen Wäldern. Dort zwischen den hohen Tannen werden sie den Winter verbringen, gut geschützt gegen Kälte und Sturm, bis sie im zeitigen Frühjahr wieder ihre Wanderung nach Norden zu den Sommerweiden aufnehmen.

Mit jedem Tag können die jungen Wölfe schneller rennen, und auch bei der Rentierjagd werden sie immer geschickter. Denn jetzt fangen die Wölfe nicht mehr Mäuse und Wühlmäuse, jetzt leben sie ausschließlich von Rens.

Immer neue Rentierherden ziehen durch das Territorium des Rudels, und beinahe jeden Tag haben die Wölfe Glück bei der Jagd. Die gute Ernährung macht die Jungen groß und kräftig.

Eines Tages hat die alte Wölfin besonders große Lust, auf Jagd zu gehen. Das ganze Rudel liegt auf einer großen Anhöhe, und unten im Tal können sie die Rentiere vorbeiwandern sehen. Ab und zu ziehen einige Rens sogar ganz dicht an ihnen vorbei. Tagsüber haben die Rentiere keine Angst vor den Wölfen; Wölfe sind nur am Abend für sie gefährlich. So bewegen sie sich ru-

hig grasend vorwärts und schauen nur hin und wieder zu den Wölfen hinüber.
Die große Wölfin geht zum Leitwolf und wedelt einladend. Sie will ihn zur Jagd überreden, aber der alte Wolf liegt behaglich im Gras ausgestreckt und hat keine Lust, sich zu erheben. Sie stößt ihn mit der Schnauze an, aber er wedelt nur schwach mit dem Schwanz als Antwort, daß er nicht mitkommen will.
Die Jungen dagegen sind aufgeregt, denn eine Unterbrechung des normalen Tageslaufs ist ihnen immer willkommen, und die Aussicht auf Jagd am hellen Tag stimmt sie übermütig. Sie haben einen Überschuß an Energie und haben keine Lust, den ganzen Tag auf der Anhöhe zu liegen und zu schlafen.
Die Wölfin versucht es immer wieder, aber der Rüde läßt sich nicht überreden. In der Zwischenzeit ist ein Ren ziemlich nahe an die Wölfe herangekommen, es hat saftige Flechten gefunden.
Die Wölfin sieht das Rentier und gibt den Versuch auf, den alten Wolf auf die Beine zu bringen. Sie richtet ihre ganze Aufmerksamkeit auf das Ren. Sie zieht schnuppernd die Luft ein, ihre Nasenlöcher beben vor Erregung, und ihr

Schwanz schlägt unruhig. Das Ren schaut zu ihr hin, aber es scheint keine Angst zu haben, und grast ruhig weiter.

Dann kann die große Wölfin sich nicht länger zügeln, sie rast davon, auf das Rentier zu. Im selben Augenblick schaut das Rentier auf, sieht sie kommen, wirft den Kopf zurück und läuft mit langen Schritten die Anhöhe hinunter. Die Wölfin stürzt ihm nach, aber das Ren ist gesund und in guter Form, und bald ist der Abstand zwischen ihm und der Wölfin so groß geworden, daß die Wölfin ihre Verfolgung aufgibt. Sie sieht ein, daß sie das Ren nicht allein fangen kann, und außer Atem kehrt sie zu den anderen Wölfen zurück.

Aber trotz des Mißerfolges hat die Wölfin ihr Ziel erreicht, alle Wölfe sind jetzt auf den Beinen, und sogar der Leitwolf hat sich erhoben. Als die Wölfin zu den anderen zurückkommt, läuft sie sofort zu ihm und stößt ihn mit ihrer kalten, feuchten Schnauze in die Seite. Sein Schwanz schlägt aufgeregt, als auch die anderen Wölfe sich um ihn drängen und seinen Kopf lekken; ein paar der Welpen jaulen leise.

Der alte Rüde hat Lust zum Jagen bekommen, und er streckt seine Schnauze gegen den blauen

Himmel und stößt ein langgezogenes Heulen aus. Die anderen Wölfe fallen in das Heulen ein.
Die Rentiere werden merkwürdigerweise nicht unruhig deswegen. Sie werfen vielleicht einige ängstliche Blicke auf die Wölfe, aber sie grasen weiter.
Nach einigen Minuten Wolfskonzert teilt sich das Wolfsrudel. Die alte Wölfin und die zwei jungen Rüden verlassen den alten Wolf und die Jungen und laufen wie die Rentiere den Abhang in Richtung Süden hinunter.
Der alte Wolf wartet mit den vier Welpen auf dem Hügel. Eines der Jungen will den drei anderen nachlaufen, aber ein tiefes Knurren des Alten läßt es sofort umkehren, und mit dem Schwanz zwischen den Beinen und zurückgelegten Ohren schleicht es zu den anderen zurück. Von der Anhöhe aus verfolgen sie nun die Bewegungen der drei Wölfe.
Die Tiere laufen hintereinander. Die alte Wölfin an der Spitze, gefolgt von dem jungen Rüden und der jungen Wölfin. Sie laufen neben der Rentierherde, und da die Rentiere langsam vorankommen, überholen die Wölfe viele von ihnen.
Nachdem die Wölfe schon an einem großen Teil

der Herde vorbei sind, ändern sie ihre Richtung und mischen sich unter die Herde. Augenblicklich wird ihnen Platz gemacht, dort wo die Wölfe auftauchen, weichen die Rentiere zurück. Die Rens sind noch nicht unruhig, und die Wölfe können ohne Mühe in die Herde eindringen, die auf diese Weise in zwei Hälften geteilt wird.

Als die Wölfe die Herde durchquert haben, ändern sie erneut die Richtung. Sie laufen jetzt genau auf die fünf Wölfe zu, die immer noch auf der Anhöhe liegen. Zwischen diesen beiden Gruppen von Wölfen befindet sich nun ein großer Teil der Rens.

Die drei Wölfe bewegen sich jetzt Seite an Seite. Der Abstand zwischen ihnen beträgt etwa zwanzig Meter.

Die Rens werden nun doch ängstlich, sie versuchen den Wölfen aus dem Weg zu gehen, dabei müssen viele umkehren und sich nach Norden wenden, woher sie gekommen sind. Sie ändern nicht gern ihre Richtung, aber sie spüren, daß die Wölfe ihnen jetzt gefährlich werden können.

Die Wölfe laufen immer schneller, und gleichzeitig erhöhen die Rentiere ihre Geschwindigkeit. Die Rens geraten in Panik, einige kleine Herden brechen seitlich aus und entgehen so den

Wölfen. Die Herde wird auf diese Weise immer kleiner, aber die Wölfe treiben immer noch viele Rens vor sich her.

Die Verwirrung unter den Rentieren wird immer größer. Die Kälber irren zwischen den alten Tieren herum und suchen ihre Mütter, und ihr ängstliches Rufen mischt sich mit dem Donnern der Hufe auf dem frostharten Boden. Ein Ren stolpert, aber es kann sich rechtzeitig fangen und entkommt den Jägern.

Immer wieder glückt es kleinen Herden von Rentieren, seitlich auszuweichen, aber noch laufen Hunderte von Rens vor den Wölfen her, und sie kommen den Wölfen auf der Anhöhe immer näher.

Die Rentiere stürmen blindlings vorwärts, ohne die Gefahr zu erkennen, und sie fliehen die Anhöhe hinauf, wo die fünf Wölfe lauern. Die Wölfe liegen ganz flach auf dem Boden, die Hinterbeine haben sie unter den Körper gezogen, sie sind bereit zum Sprung.

Die drei Wölfe jagen die Rens direkt auf den alten Wolf und die Welpen zu, damit sie aus dem Hinterhalt angreifen können, wenn die Rentiere nahe genug herankommen.

Im letzten Moment ändert die Herde doch noch

die Richtung. Einer der jungen Wölfe ist zu ungeduldig gewesen und aus seinem Versteck hervorgesprungen. Die Rentiere haben die Wölfe entdeckt und sind abgeschwenkt.

Als die Wölfe merken, daß ihnen ihre Beute davonläuft, springen sie aus ihrem Versteck. Die vier Jungen stürmen den Hügel hinunter, und jedes verfolgt ein einzelnes Ren.

Der alte Wolf bleibt auf der Anhöhe stehen und begnügt sich damit, die Jagd der Jungen mit den Augen zu verfolgen. Kurz darauf erreichen ihn auch die drei anderen Wölfe. Sie legen sich müde und außer Atem an seine Seite und verfolgen nun, wie er, die Jagd der Jungen.

Die Jungen rennen hinter den Rentieren her und versuchen seitlich an sie heranzukommen, damit sie sie an der Kehle packen können. Aber die Rentiere sind zu flink und entgehen jedesmal den scharfen Zähnen der Wölfe. Bald ist die Rentierherde in alle Winde zerstreut, und die Jungen geben einer nach dem anderen die Jagd auf. Nicht ein einziges Rentier haben sie erlegt.

Müde und mit hängenden Ohren kehren die Welpen zu den alten Wölfen zurück, legen sich ermattet auf den Boden.

Nun, da alle acht Wölfe wieder vereint sind, setzt

sich der alte Wolf auf und läßt sein langgezogenes Geheul ertönen. Dann wendet er sich den Jungen zu, geht zu ihnen hinüber und legt sich zwischen ihnen nieder.

Der Jagdunterricht für die Jungen ist vorbei, die Wölfe legen sich müde zum Schlafen hin, und die Rentiere setzen ihre lange Wanderung nach Süden zu den großen Wäldern fort.

Winter

Den Rest des Herbstes folgen die Wölfe den Rens nach Süden, genauso wie sie ihnen im Frühjahr nach Norden gefolgt sind. Sie verlassen ihr Territorium und machen Rast, wo es ihnen gefällt, aber sie halten sich doch immer in der Nähe der Rentiere auf.

Oft müssen die Wölfe lange Strecken laufen, um mit den Rens Schritt zu halten. Sie können an einem Tag bis hundert Kilometer zurücklegen, aber normalerweise sind es nur etwa vierzig Kilometer am Tag, mit einer Durchschnittsgeschwindigkeit von zehn Kilometern in der Stunde.

Zu Beginn des Herbstes müssen die Wölfe viele Pausen während der Jagd einlegen, denn die Jungen werden schnell müde und brauchen Zeit zum Ausruhen. Aber im Laufe der Zeit sind die Jungen besser auf den Beinen und können den Erwachsenen den ganzen Tag ohne Anstrengung folgen.

Eines Tages kommen sie an der Jagdhütte und den Steinhaufen vorbei, aber die Hütte ist leer. Die Tür steht offen und schwingt hin und her im Luftzug. Der Jäger hat die Hütte vor langer Zeit mit seinen Hunden verlassen, und im Inneren liegt der Schnee hoch.

Die Wölfe erkennen den Platz sofort wieder, aber sie finden nichts zu fressen, nur einen Haufen abgenagter Knochen, deshalb verlassen sie den Ort gleich wieder.

Ab und zu begegnen die Wölfe anderen Wolfsrudeln, aber es gibt nie einen Kampf mit den fremden Wölfen, wie damals, als das Rudel sein Territorium verteidigen mußte. Oft lecken sie die fremden Wölfe und wedeln freundlich mit den Schwänzen, wenn sie ihnen begegnen. Einmal schließen sich sogar ein paar fremde Wölfe dem Rudel für eine Woche an und jagen mit ihm.

Im Sommer gibt es einen festen Rhythmus im Leben der Wölfe, sie jagen am Abend und in der Nacht und ruhen sich am Tage aus. Im Herbst und Winter wird dieser Rhythmus durchbrochen, und die Wölfe jagen genausooft am Tage wie in der Nacht.

Wenn die Wölfe ein Ren erlegt haben, bleiben sie

in der Nähe, bis es verzehrt ist. Es gibt keinen Wolf, der zum Vergnügen tötet, und jedes Tier, das sie erlegen, wird aufgefressen bis auf Fell und Knochen. Es ist so schwierig für die Wölfe, ein Rentier zu fangen, daß sie es sich nicht leisten können, auch nur das kleinste Stück Fleisch zurückzulassen.

Wenn der Schnee hoch liegt, kommen die Wölfe nur mühsam voran. Unter diesen Bedingungen ist es für sie besonders schwer zu jagen. Die Rentiere bewegen sich viel leichter als die Wölfe in dem hohen Schnee mit ihren langen Beinen und ihren breiten Hufen, die wie Schneeschuhe wirken.

Am liebsten folgen die Wölfe den Pfaden, auf denen der Schnee festgetrampelt ist. Die Wege sind miteinander verbunden, und oft bewegen sich Wölfe in einem großen Kreis. Dieses Netz von Pfaden ist so ausgedehnt, daß es manchmal eine ganze Woche dauert, bis sie wieder an einer bestimmten Stelle vorbeikommen.

Auch die Jäger kennen Wildpfade, und erfahrene Jäger können mit ziemlicher Sicherheit voraussehen, an welchem Tag die Wölfe eine bestimmte Stelle des Pfades passieren werden. Der Jäger legt dann dort seine Fallen aus. Oft wird die Falle

mit Tran bestrichen, oder Fleisch wird ausgelegt als Köder, und die Wölfe, die neugierig und immer hungrig sind, werden von dem Geruch angezogen und gehen in die Falle.

Der Jäger kennt auch andere Arten, Wölfe zu töten, und er wendet alle Mittel an, um möglichst viele von ihnen zu vernichten. Manche Jäger legen Rentierkadaver aus, die mit Strychnin behandelt sind. Strychnin ist ein fürchterliches Gift, und die Wölfe sterben unter schrecklichen Krämpfen, und manchmal kann ein ganzes Wolfsrudel auf diese Art ausgerottet werden.

Der Jäger, der von Rentierfellen lebt, haßt oft die Wölfe, denn er glaubt, die Wölfe seien schuld daran, wenn er weniger Rentiere erlegt. Die Jäger vergessen, daß sie selbst es sind, die zu viele Rens schießen. Ein Jäger kann bis zu tausend Rens in einem Jahr erlegen, und in der Regel

nimmt der Jäger nur die Felle und läßt das Fleisch liegen und verfaulen. Der Jäger unterscheidet auch nicht zwischen gesunden und kranken Tieren wie die Wölfe, er schießt alle Tiere, die ihm über den Weg laufen.
Ein achtköpfiges Wolfsrudel lebt von weniger als hundert Rentieren im Jahr, und die Wölfe nehmen an erster Stelle die Rens, die krank sind oder ein Bein gebrochen haben. Diese Tiere kommen auf jeden Fall um, und die Wölfe tragen auf diese Weise dazu bei, die Rentierherden gesund zu erhalten. Die gesunden Tiere entkommen den Wölfen. Im Gegensatz zum Jäger fressen die Wölfe das Fleisch der Beute. Auf diese Weise wird nichts vergeudet.

Eines Tages, als das Wolfsrudel einen gefrorenen See überquert, hören die Wölfe lauten Motorlärm über sich. Die Wölfe wollen auf die andere Seite des Sees, und der leichteste Weg führt quer über die Eisfläche. Der Wind hat den Schnee auf dem See weggeweht. Wenn sie dem Seeufer gefolgt wären, hätten sie sich durch hohe Schneewehen kämpfen müssen.
Drei Tage lang hat ein gewaltiger Sturm gewütet, und es hat kräftig geschneit, viele Bäume sind

durch die Schneemassen umgestürzt, und gleichzeitig herrschte ein beißender Frost, das Thermometer fiel unter 30 Grad minus.

Die Wölfe sind hungrig, denn während der drei Tage, die der Sturm gedauert hat, haben sie nichts gefressen. Zusammengerollt, den Schwanz auf der Schnauze, haben sie geschlafen, bis der Sturm sich gelegt hat. Der Schnee hat sie nach und nach zugedeckt, so daß sie aussehen wie kleine weiße Häufchen.

Am vierten Tag wird das Wetter wieder schön, obwohl es immer noch sehr kalt ist; aber es hat aufgehört zu schneien, und die Sonne scheint zwischen den Bäumen des Seeufers hindurch.

Der Schnee überzieht die Landschaft wie eine weiche, weiße Decke. Nirgends ist Leben, die Mäuse und Kleintiere haben sich in ihre geschützten Höhlen unter dem Schnee zurückgezogen, und die Rentiere sind tief in die Wälder hineingewandert. Nur ein einzelner weißer Falke kreist über dem Schnee wie ein weißer Punkt am blauen Himmel.

Die Wölfe sind auf den See hinausgegangen, weil sie am anderen Ufer auf einen der Pfade zu stoßen hofften, denen sie gewöhnlich folgen. Und nun ertönt dieser Motorlärm über ihnen. Ein

Flugzeug fliegt in geringer Höhe über den See, als wollte es auf der glatten Fläche landen.
Zwei Männer sitzen in der Maschine, sie sind auf Rentierjagd. Sie verfolgen eine Rentierherde mit dem Flugzeug, bis die Rens so müde werden, daß sie einfach nicht mehr weiterkönnen. Die Tiere legen sich in den Schnee, japsend vor Erschöpfung, und dann landen die Jäger, gehen ganz dicht an sie heran und erschießen sie. Eine ganze Herde von Rentieren kann so in wenigen Stunden ausgerottet werden.
Die Männer in der Maschine haben die Wölfe entdeckt. Sie streichen mit dem Flugzeug über sie hin, und die Wölfe stürzen in wilder Angst davon. Die Wölfe kommen auf der glatten Eisfläche schlecht voran, und die Jungen können den Erwachsenen kaum folgen. Das Flugzeug taucht die ganze Zeit auf sie herab, und die Wölfe rennen verwirrt auf dem Eis umher, ohne Dekkung zu finden.
Die Wölfe rennen um ihr Leben. Sie müssen unbedingt eines der Ufer erreichen, denn dort stehen Bäume, und dort können sie sich verstecken. Im Wald wird es schwer sein, sie aus der Luft auszumachen, und das Flugzeug kann dort nicht landen. Aber jedesmal, wenn die Wölfe sich ei-

nem Ufer nähern, taucht die Maschine genau vor ihnen herab, und sie werden wieder aufs Eis gezwungen.

Mehrere Male glauben die Wölfe sich in Sicherheit, aber immer wieder kommt das Flugzeug und zwingt sie zurück aufs Eis. Bald sind die Wölfe so erschöpft, daß sie kaum noch weiterkönnen, und am härtesten ist es für die Jungen, die noch nicht die Ausdauer der Erwachsenen besitzen.

Die Wölfe versuchen immer dicht beieiander zu bleiben, vor allem die Jungen sind darauf bedacht, aber auf dem glatten Eis ist es sehr schwer.

Wieder kommt das Flugzeug auf sie zu, und die Wölfe stieben davon. Eines der Jungen verliert das Gleichgewicht, fällt und rutscht hilflos ein langes Stück über die spiegelblanke Eisfläche. Als das Junge wieder auf den Beinen steht, sind die anderen Wölfe schon ein ganzes Stück entfernt, und es kann sie nicht mehr einholen. Die anderen Wölfe sind schon nahe am Ufer.

Das nächste Mal taucht die Maschine zwischen dem kleinen Wolf und dem übrigen Rudel herab, und das Junge wird gezwungen, umzukehren in die Mitte des Sees. Die anderen haben inzwischen das Ufer und die schützenden Bäume erreicht.

Das Junge irrt ziellos auf dem Eis umher, und die ganze Zeit ist das Flugzeug über ihm. Die Kräfte verlassen den kleinen Wolf, seine Zunge hängt weit heraus, und seine Beine zittern.

Es dauert nicht mehr lange, da ist der junge Wolf zu schwach, um weiterzulaufen. Er bleibt auf dem Eis stehen und rührt sich nur, wenn das Flugzeug genau über ihm ist. Er ist so erschöpft, daß er sich aufs Eis fallen läßt.

Im selben Augenblick landet das Flugzeug ganz in seiner Nähe. Der Wolf versucht aufzustehen, aber es gelingt ihm nicht. Die Tür des Flugzeugs wird geöffnet, und zwei Männer mit Gewehren steigen aus. Sie haben Hunde bei sich.

Der junge Wolf sieht sie kommen, und mit Aufbietung seiner letzten Kräfte richtet er sich auf. Zum letzten Mal versucht er, das Ufer mit den schützenden Bäumen zu erreichen, aber sofort lassen die Männer die Hunde frei, und die stürzen ausgeruht und frisch hinter dem Wolf her.

Der Wolf wird bald eingeholt, und die Hunde stürzen sich auf ihn. Der Wolf hat keine Kraft mehr, um sich zu verteidigen. Unter normalen Umständen hätte er diese Hunde im Kampf besiegt, aber jetzt, wo er so ermattet ist, hat er keine Aussicht. Es dauert nicht lange, da liegt er auf dem Eis, die Hundemeute über sich. Als die Männer kommen, ihn zu erschießen, ist er schon tot.

Die Männer sehen eine Weile auf ihn hinunter. Einer von ihnen gibt ihm einen Tritt, dann kehren beide mit den Hunden zum Flugzeug zurück. Kurze Zeit danach ist die Maschine am Himmel verschwunden.

Der junge Wolf bleibt auf dem Eis liegen, die Dunkelheit bricht herein, und es beginnt zu schneien. Große weiße Flocken fallen still vom schwarzen Himmel und decken alle Spuren zu, und bald ist der Wolf nur noch ein kleiner weißer Schneehügel mitten auf dem See.

Abschied

Die sieben Wölfe, die noch vom Rudel übrig sind, überstehen den Winter. Es ist eine harte Zeit für sie, denn der Winter ist streng, und sie erlegen nur wenige Rentiere. Außer Rens jagen die Wölfe Elche, Rehe und Biber, wenn sie Gelegenheit dazu haben.

Die Elche können ihnen gefährlich werden, denn wenn ein Elch von Wölfen angegriffen wird, bleibt er meistens stehen, um sich zu verteidigen. Er schlägt mit den Hufen aus und versucht die Wölfe mit seinem großen, schaufelartigen Geweih zu stoßen. Die Wölfe müssen sich sehr in acht nehmen, und in den meisten Fällen geben sie die Jagd auf.

Die Rehe sind häufig zu schnell für die Wölfe. Deshalb versuchen die Wölfe an sie heranzuschleichen und sie mit ihrem Angriff zu überrumpeln. Nur so kommen sie manchmal zum Erfolg.

Die Biber ziehen sich im Winter in ihre großen

Burgen aus Zweigen und Erde zurück, die Burgen sind so solide gebaut, daß die Wölfe dort nicht eindringen können. Solange die Biber im Bau bleiben, sind sie vor den Wölfen sicher. Aber sobald sich einer hinauswagt, was selten geschieht im Winter, ist der Biber eine leichte Beute für die Wölfe.

Schon zeitig im Frühjahr sammeln sich die Rentiere in den Wäldern, und dann beginnt wieder ihre lange Wanderung nach Norden zu den Sommerweiden. Das Wolfsrudel folgt ihnen wie im vorigen Jahr und wie es die Wölfe schon seit Tausenden von Jahren tun. Die Wölfe werden hinter den Rentieren herziehen, bis sie ihr Territorium und ihre Höhle erreichen.
Zusammen mit den Rentieren verläßt das Wolfsrudel die Wälder und wandert hinaus auf die große arktische Tundra. Die drei Jungen sind groß, und im Laufe des Winters sind sie genauso schnelle und tüchtige Jäger geworden wie die älteren Wölfe. Es ist jetzt unmöglich, sie von den anderen zu unterscheiden, nur der alte Leitwolf ist größer als die anderen Wölfe, er ist immer noch Anführer des Rudels und geht beinahe immer vor den anderen her.

Der Rüde, der im Herbst mit dem Leitwolf gekämpft hatte, ist zäher und kräftiger geworden. Seither war keine Feindschaft zwischen den beiden Wölfen, aber falls es jetzt zu einem Kampf käme, würde der junge Wolf gewinnen.

Die beiden Rüden, die nun beinahe zwei Jahre alt sind, halten sich oft abseits. Manchmal liegen mehrere Kilometer zwischen ihnen und dem Rudel. Und häufig treffen die Wölfe sich erst am Abend, bevor sie auf die Jagd gehen.

Auch die beiden Wölfinnen sind inzwischen ausgewachsen, und die Rüden interessieren sich sehr für sie. Die Wölfinnen strömen einen anderen Geruch aus, und die Wölfe beschnuppern und lecken sie und halten sich immer in ihrer Nähe auf.

Eines Tages blutet eine der Wölfinnen aus dem Hinterteil. Sie bleibt mit dem jungen Rüden ein Stück hinter den anderen zurück, und der junge Wolf beschnuppert sie. Der neue Duft der Wölfin ist sehr stark, er leckt sie eifrig zwischen den Hinterbeinen, und sie läßt es willig geschehen.

Bis dahin ist sie ziemlich abweisend gewesen, aber nun scheint sie ihm freundlich gesinnt. Sie läßt sich überall lecken, und er darf sich mehrere Minuten lang mit ihr beschäftigen.

Der junge Wolf hat sich auch verändert. Wenn alle sieben Wölfe am Abend beisammen sind und der Leitwolf sich der jungen Wölfin nähert, knurrt der junge Wolf warnend. Er will seine

Wölfin gegen den alten Rüden verteidigen. Obwohl der Leitwolf sich genauso für sie interessiert, läßt er sie in Ruhe, denn er fürchtet eine Auseinandersetzung mit dem Jüngeren.

Am Tag, nachdem die junge Wölfin zu bluten angefangen hat, paaren sich die zwei jungen Wölfe zum ersten Mal. Es ist ein herrlicher Tag, die Sonne scheint von einem wolkenfreien Himmel, und die Wölfe spüren schon die Wärme des Frühlings. Bald wird der strenge Winter vorbei sein, und die Wölfe werden wieder genug zu fressen haben.

Die zwei jungen Wölfe sind weit weg von den anderen, niemand kann sie während der Paarung stören. Der junge Rüde bespringt die Wölfin, und die Wölfin nimmt die Rute zur Seite, damit er an sie herankommt. Er steht auf den Hinterbeinen und umklammert sie an den Schultern mit seinen Vorderpfoten.

Zuerst bewegt er seinen Unterkörper vor und zurück, dann dreht er sich vorsichtig, und beide Wölfe legen sich auf die Erde, Schwanz gegen Schwanz, miteinander verbunden.

Die Paarung dauert ungefähr eine Viertelstunde, dann stehen sie auf und gehen auseinander. Sie schütteln sich beide kräftig und lecken sich

gründlich. Anschließend rollen sie sich zusammen und schlafen ein, dicht beieinander. Später am Tag paaren sie sich wieder.
Eine Woche bleiben die beiden Wölfe zusammen. In dieser Zeit sehen sie die anderen Wölfe nicht. Sie jagen Rentiere, schlafen und paaren sich, und sie sind nun selber eine kleine Wolfsfamilie, die allein zurechtkommt.
Eines Morgens treffen sie auf das Rudel. Alle Wölfe begrüßen sich freudig, sie lecken einander und wedeln. Besonders die Jungen, die nun beinahe ein Jahr alt sind, freuen sich, die zwei jungen Wölfe wiederzusehen.
Inzwischen hat sich auch der Leitwolf mit der alten Wölfin gepaart. Die zwei halten immer noch zusammen, und obwohl die alte Wölfin neun Jahre alt ist, kann sie immer noch Junge bekommen. Und der alte Wolf hat noch die Kraft, ein weiteres Mal Junge aufzuziehen.
Die sieben Wölfe bleiben nur einige Tage zusammen, dann trennen sie sich. Wahrscheinlich werden sie einander nie mehr wiedersehen.
Die fünf Wölfe, der alte Leitwolf und die Wölfin mit ihren drei Jungen, die den Winter überlebt haben, ziehen in nördlicher Richtung mit der Rentierherde. Sie sind auf dem Weg zu der

Höhle in der Böschung, wo sie voriges Jahr waren.
Das junge Paar wandert allein auf die endlose Tundra hinaus. Sie sind dabei, ein neues Wolfsrudel zu gründen, und in neun Wochen wird die junge Wölfin ihre ersten Jungen zur Welt bringen. In der Zwischenzeit müssen sie einen guten Platz finden, der ihnen Geborgenheit und Sicherheit bietet, und wo sie genug Nahrung finden für sich und ihre Jungen. Sie sind alt genug, um auf eigenen Füßen stehen zu können, und sie werden sich allein zurechtfinden.
Im Sommer, während die junge Wölfin auf ihre Kinder aufpaßt, muß der junge Wolf allein auf Nahrungssuche für die Familie gehen. Es wird hart werden, und vielleicht stirbt eines der Jungen vor Hunger.
Im Herbst müssen die zwei Wölfe ihren Jungen beibringen, Rentiere zu jagen, genau wie sie es selbst von ihren Eltern gelernt haben, und sie müssen ihre Jungen lehren, welche Gefahren auf sie lauern.

Die beiden jungen Wölfe kehren zurück in die endlose arktische Tundra. In dieser Landschaft sind sie geboren, und sie wird ihr Zuhause sein

und das Zuhause ihrer Jungen für den Rest ihres Lebens.
Bald wird die strenge, kalte und dunkle Zeit vorbei sein. Die Tage werden länger, und das Frühjahr kommt mit Sonne und Wärme.